COMMUNIQUER EN FRANÇAIS

Francine CICUREL
Université de Paris III

Elisabeth PEDOYA
Université de Paris III

Rémy PORQUIER
Université de Paris X

Dessins de FRAPAR

HATIER / Didier

ISBN 2-278-07852-6

SOMMAIRE

SOMMAIRE

SOMMAIRE

ENREGISTREMENT   **AUTO-CORRIGÉS**   **ACTIVITÉS ÉCRITES**

PRÉSENTATION

Pour toute utilisation d'un outil, pédagogique ou autre, trois questions au moins se posent d'abord : à quoi et à qui peut-il servir ? Comment fonctionne-t-il ? Que peut-on en faire ? La connaissance de la conception, des principes, du contenu et du fonctionnement de *COMMUNIQUER EN FRANÇAIS* devrait permettre aux utilisateurs, enseignants et apprenants de français langue étrangère d'en faire usage selon leurs besoins.

I. CONCEPTION ET DÉMARCHE

La conception de *COMMUNIQUER EN FRANÇAIS,* l'organisation de son contenu et les utilisations proposées reposent essentiellement sur trois choix : découpage en actes de parole, conduites d'apprentissage, humour et imaginaire.

1. ACTES DE PAROLE

Le contenu, son organisation et les activités proposées s'inspirent d'une approche pragmatique du langage qui permet d'identifier, de répertorier et d'interrelier des actes de parole (voir le Niveau-Seuil).

En langue étrangère comme en langue maternelle, on communique en exécutant des « actes » tels que : **Proposer, Conseiller, Accepter, Refuser, Remercier,** etc. Apprendre à communiquer, c'est alors non seulement assimiler les règles phonologiques, orthographiques, morphologiques, syntaxiques d'une langue et stocker du vocabulaire, mais aussi acquérir les règles et les usages sociolinguistiques régissant l'intercommunication entre les individus qui parlent cette langue.

Un découpage du contenu en actes de parole peut apparaître comme une réduction des activités langagières à de banales évidences, peu rentables dans une perspective didactique : d'abord, parce qu'un répertoire d'actes de parole, dans un matériel pédagogique comme celui-ci, ne saurait prétendre à l'exhaustivité — il s'agit d'un choix arbitraire et limité d'actes usuels — ; ensuite, parce que la frontière entre les actes de parole (voir les Remarques d'usage p. 141) apparaît souvent floue ou mouvante (on ne peut fixer de limites discrètes entre **Proposer** et **Inviter,** entre **Refuser** et **Protester,** ni réduire les intentions de communication ou l'interprétation des énoncés à telle catégorie, dans la diversité et la mobilité des situations, des contextes et des interactions) ; enfin, parce toute parole, en langue maternelle, et peut-être encore davantage en langue étrangère, ne trouve de sens que dans la dynamique communicative où elle s'inscrit.

Tel énoncé, qui semblerait aisément interprétable si on le prend isolément « à la lettre », sera, parce qu'il est formulé ironiquement ou en décalage avec la situation (les dessins humoristiques le montrent souvent) à interpréter autrement, « à contre-emploi » : un « merci » très sec peut exprimer un reproche ou une protestation, un « bravo » doté d'une intonation particulière peut signifier un reproche. Un reproche formulé avec douceur peut aussi exprimer un remerciement.

8

DES ACTES REPÈRES

Devant ces difficultés, inhérentes au langage lui-même, mais plus aiguës lorsqu'il s'agit d'une langue étrangère, on s'en est tenu, dans *COMMUNIQUER EN FRANÇAIS*, à un répertoire limité d'actes de parole usuels, en prenant en compte un éventail diversifié de réalisations possibles, dotées de tonalités diverses.

Dans chaque unité, deux énoncés initiaux encadrés, formulations relativement neutres, usuelles, « passe-partout », jouent à la fois le rôle de fiche signalétique et d'exemples-repères. La liste qui suit (10 à 15 énoncés) propose une gamme diversifiée de variations, selon divers paramètres situationnels, interpersonnels ou expressifs. Pour illustrer cette diversité, on trouvera donc du TU et du VOUS, des formules orales ou écrites, du familier ou du formel, divers degrés expressifs, et des variations liées au contexte, au statut des interlocuteurs ou encore au mode d'intercommunication (oral en présence ou par téléphone, écrit par lettre ou affiche).

Les activités (voir II ci-dessous) organisés autour des listes, des dessins, des conversations et de divers documents complémentaires, conduisent à découvrir et à explorer ces variations, et à les essayer en liberté dans des situations diverses.

UNE AUTRE GRAMMAIRE ?

Chaque unité présente une diversité de formes grammaticales et lexicales, selon les actes de parole étudiés. Il s'agit en quelque sorte d'une grammaire sous-jacente, transversale, « éclatée ». Ainsi, dans **Inviter,** on trouvera des énoncés assertifs, des énoncés interrogatifs et des impératifs, ainsi que différents temps verbaux (présent de indicatif, conditionnel, impératif) ; dans **Proposer**, de l'interrogation, du conditionnel et des verbes modaux tels que POUVOIR et VOULOIR. Le découpage en actes de paroles mobilise une grammaire ouverte. Les structures grammaticales et le lexique qui se retrouvent au travers des divers modules et des unités elles-mêmes ne font pas l'objet d'activités spécifiques. Elles contribuent à la découverte et à l'assimilation d'une grammaire communicative, où le choix des formes et structures grammaticales et leur interprétation sont à relier à la signification des énoncés et à leur emploi dans des situations de communication, selon les intentions de communication.

CHAÎNES D'ACTES

Dans la communication, un acte de parole est rarement isolé. Il s'insère dans une chaîne communicative, dans une suite d'échanges. Par exemple, une proposition suscite un refus, une acceptation ou une demande d'information. A un salut répondra une autre salutation, éventuellement suivie d'une demande d'information, d'une invitation, d'un reproche... Tout acte de parole, même s'il fait dans *COMMUNIQUER EN FRANÇAIS* l'objet d'une exploration et d'une utilisation détaillées, se retrouve donc inséré et activé, à travers diverses activités (voir II) dans des séries d'actes enchaînés qui reproduisent et reconstituent la trame d'échanges communicatifs en situation. Ainsi, les ENTR'ACTES suggèrent, pour des simulations ou des jeux de rôle, des interactions comme :

Proposer - Refuser - Insister - Accepter
Annoncer - Protester/Reprocher - S'excuser

L'utilisation souple préconisée implique une liberté de choix dans la progression, et donc dans les activités elles-mêmes. L'ordre adopté dans la progression des modules (1 à 9) peut être librement modifié, soit dans l'ordre des modules (le module 2 peut être introduit, par exemple, avant le module 5), soit à l'intérieur des modules (dans le module 2, **Reprocher** peut être étudié avant **Annoncer**). A condition cependant d'utiliser et d'aménager alors les activités inter-unités ou inter-modules, qui ont précisément pour rôle de décloisonner l'ensemble, quel que soit l'ordre adopté.

2. CONDUITES D'APPRENTISSAGE

Les activités proposées, leur contenu et leur déroulement (voir II) mobilisent l'activité et l'implication personnelle de l'apprenant : découvrir, explorer, comprendre, s'exprimer, réagir, s'impliquer, imaginer, jouer.

DÉCOUVRIR

La découverte consiste à prendre contact progressivement avec un éventail diversifié de réalisations possibles pour un même acte de parole, de façon à en appréhender, globalement d'abord, les significations et les variations, et à interpréter les énoncés, les dessins, les conversations et documents présentés. Cette découverte est amorcée par une **consigne accompagnant chaque liste d'énoncés**, et par leur mise en images (deux dessins par liste).

EXPLORER

L'exploration consiste à examiner, à organiser et à structurer l'ensemble des échantillons langagiers présentés, à confronter les plus simples, les plus neutres, éventuellement déjà connus, avec les autres, dont ils se différencient. Cette différenciation porte sur la relation entre les structures linguistiques et les actes de parole, mais aussi et surtout sur les conditions et les possibilités de variation selon la situation, les interlocuteurs, la nature et la tonalité de l'échange. Le choix de TU ou VOUS, de POUVOIR ou de VOULOIR, de l'impératif ou de l'interrogation, de formulations directes (« **Je proteste** ») ou indirectes (« **Vous ne voyez pas que je fais la sieste ?** ») dépend de dimensions situationnelles et relationnelles qu'une compétence lexicale et grammaticale ne suffit pas à reconstituer ni à interpréter. En outre, la prosodie dans les échanges oraux, joue un rôle important, comme le montrent les enregistrements sonores. Enfin, repérer **qui s'adresse à qui et comment,** pour exprimer telle **intention de communication,** passe par le repérage de traits socio-culturels et d'usages sociaux identifiant les interlocuteurs et leurs relations dans une situation où ils se trouvent personnalisés, individualisés et caractérisés.

COMPRENDRE ET S'EXPRIMER

COMMUNIQUER EN FRANÇAIS fait une part complémentaire et indissociable à la compréhension et à l'expression.

A la compréhension d'abord, sous trois aspects : interprétation des énoncés, dialogues et documents ; conceptualisation des règles sociolinguistiques et interactionnelles sous-jacentes aux échantillons étudiés ; compréhension interactive entre les interlocuteurs dans les interactions simulées ou jouées dans la classe.

L'expression s'inscrit toujours dans un cadre interactif et situationnel, fictif, simulé ou imaginaire : on s'adresse ou on répond à tel interlocuteur, dans tel cadre, pour exprimer une intention de communication, tout en conservant une liberté de choix pour ce que l'on a à dire et dans la manière de le dire. L'expression ne fonctionne pas à vide : elle est incitée, motivée et activée par un cadre situationnel et par un « vouloir-dire », détaché du cadre initial des échantillons de langage présentés, mais alimenté par eux.

L'entraînement à la compréhension et à la production s'appuie, en la complétant, sur la découverte-exploration, réinvestie dans une série d'activités diverses. Celles-ci favorisent l'implication personnelle et créative dans des situations et des interactions imaginées ou simulées. Ce qui est visé, c'est non seulement la manipulation ou le « réemploi » d'énoncés explorés auparavant, mais surtout, pour les apprenants, l'entraînement à la conduite d'échanges où ils seront tour à tour émetteurs et récepteurs dans une dynamique de dialogue, et dans des circonstances et des situations prévisibles ou imprévisibles.

S'IMPLIQUER

L'implication personnelle (réflexion sur soi, réaction personnelle à des situations, imagination) permet de dépasser l'univers restreint des énoncés, des dialogues et des situations présentés dans les modules. C'est le rôle d'activités comme ET VOUS-MÊME, IRRUPTION, GALERIE DE PORTRAITS et des diverses consignes qui accompagnent les échantillons de langage présentés au fil des unités et des modules. Ces activités visent en grande partie à mobiliser la créativité et l'imagination des apprenants, à travers leur vécu et leur personnalité.

D'où le rôle des activités qui demandent de **réagir** à des énoncés, des dessins et des dialogues, ou qui sollicitent l'expérience vécue et la personnalité des apprenants (ET VOUS-MÊME). D'autres activités font une part importante à l'initiative et à l'imagination créative.

Enfin, le module 9, structure ouverte, invite les apprenants à imaginer et élaborer eux-mêmes, sur des actes de parole de leur choix, des dossiers libres selon leurs besoins, leurs intérêts et leurs motivations propres, et avec leurs propres idées. Ce module n'a donc pas en soi pour objectif l'évaluation des acquisitions précédentes. Il ne vise pas non plus à faire imiter fidèlement le principe et les activités des modules antérieurs, bien qu'il puisse contribuer à une évaluation interne du matériel lui-même. Il vise essentiellement à développer, au-delà du programme initial, l'autonomie d'apprentissage et l'autonomie communicative.

3. HUMOUR ET IMAGINAIRE

Apprendre une langue, c'est aussi découvrir la place qu'y tient le rire, la fonction de l'humour dans les interactions sociales, et la façon dont l'imaginaire s'investit dans le langage.

Des dessins et dialogues humoristiques peuvent amuser, distraire, éventuellement déclencher l'hilarité. Mais ce qui fait rire des Français n'est pas forcément drôle pour un apprenant, surtout lorsque le sens des paroles lui échappe partiellement. Tel dessin ou tel dialogue, à moins d'être culturellement transparent, surprend, intrigue, interroge ou même irrite. Son interprétation suppose connues les normes auxquelles il renvoie, qu'il s'y conforme ou qu'il les transgresse.

Dans les dessins, les clips et les dialogues de COMMUNIQUER EN FRANÇAIS il s'agit le plus souvent d'un comique de situation, qui naît du contraste entre la situation — ordinaire, insolite ou incongrue — et les paroles qui s'échangent. Il s'agit non pas d'illustrer une situation neutre, ni de montrer qu'on peut dire n'importe quoi, n'importe quand, n'importe où à n'importe qui, mais de pousser à l'extrême les conditions d'emploi d'énoncés « ordinaires », pour en explorer les limites en les transgressant au besoin.

L'insertion de l'humour et de l'imaginaire dans les activités d'apprentissage élargit le champ des pratiques pédagogiques usuelles. L'apprenant peut inventer, réagir, imaginer, détourner ou subvertir des situations ou des paroles, même au-delà des activités qui lui sont proposées. Ce faisant, il poursuit l'exploration amorcée auparavant, pour découvrir dans la langue étrangère jusqu'où on peut aller avec le langage.

Enfin, le recours à l'humour et à l'imaginaire, en sollicitant l'expression personnelle et la créativité, entraînent à réagir à l'inattendu, à l'imprévu, en construisant l'imprévisible, en dépassant les conditions « ordinaires » (mais le sont-elles jamais ?) d'utilisation du langage dans la communication quotidienne.

Ainsi, l'IRRUPTION et la GALERIE DE PORTRAITS misent résolument sur le hasard, sur l'imagination et l'inventivité des apprenants. Ces activités ludiques visent, en fin de compte, à une appropriation individualisée de la langue étrangère, à travers l'improvisation inventive du groupe.

4. DESTINATAIRES ET UTILISATIONS

COMMUNIQUER EN FRANÇAIS, par sa conception et par les démarches qu'il adopte, est destiné à des adolescents ou des adultes.

L'ouvrage se prête à des utilisations diversifiées et souples à différents niveaux d'apprentissage du français. Il peut servir d'amorce à un cours pour débutants, à condition de ménager un rythme prudent pour l'exploration-découverte des énoncés et pour l'utilisation des CLIPS dont le langage pourra paraître très elliptique à des débutants.

Les utilisateurs de niveau avancé pourront affiner leur acquis antérieur en découvrant et maîtrisant mieux les conditions d'emploi et les effets pragmatiques des énoncés présentés en situation ; ils seront sensibilisés aux usages sociaux, en relation avec les représentations socioculturelles qu'ils se font de l'univers étranger.

Le manuel, sera, selon les utilisateurs, autonome ou complémentaire d'un enseignement différencié.

Comme ensemble pédagogique autonome, il représente, selon le public et l'adaptation, de 50 à 100 heures de cours. Il se prête également, à partir d'un certain niveau d'acquisition, à un auto-apprentissage guidé, ou à un apprentissage en petits groupes semi-autonomes avec un « informateur » natif, enseignant ou non.

Comme outil complémentaire, il permet une approche d'un français oral, une sensibilisation aux registres de langue et aux variations sociolinguistiques, une réactivation d'un acquis linguistique. Il se prête également à des programmes de rattrapage, notamment pour des étudiants désireux de maîtriser des situations de communication quotidiennes en français, il aidera peut-être des enseignants en recyclage.

Les activités proposées dans *COMMUNIQUER EN FRANÇAIS* ne sont pas limitatives, elles constituent un éventail d'activités coordonnées et un cadre suggestif incitant à en imaginer d'autres selon la créativité des utilisateurs et selon les besoins d'apprentissage spécifiques.

II. UTILISATION PÉDAGOGIQUE

1. COMPOSITION DU MATÉRIEL

Il se compose de 8 modules regroupés chacun autour de 4 ou 5 actes de parole* (soit 34 actes de paroles au total).

Chaque module comporte :
— des listes d'énoncés
— des dessins humoristiques
— des activités pédagogiques

Un index (p. 146) recense les termes-clés figurant dans les consignes (traduits en anglais, allemand, espagnol, italien).

Pour certaines activités, un auto-corrigé est fourni, signalé par 🔒 sans pour autant constituer un modèle contraignant de réponses ; des remarques d'usage sur certaines conditions et valeurs d'emploi de certaines formules sont consignées p. 143.

LES LISTES D'ÉNONCÉS

Pour chaque acte de parole, est présenté un nombre variable de réalisations linguistiques (de 10 à 20) numérotées. Les deux énoncés les plus représentatifs se trouvent encadrés en haut de la page.

Sous chaque liste sont proposés :
— une activité exploratoire ménageant un premier contact avec les énoncés (observation, compréhension, comparaison),
— des échantillons de langage, appelés CLIPS (dialogue, monologue, histoire, lettre, dessin, etc.) permettant de présenter, en contexte, certains des contenus linguistiques de la liste.

On pourra oraliser de façon expressive ces « bribes » de langage, essayer de déceler le « personnage social » qui est l'auteur de ces paroles et s'amuser à trouver des titres aux CLIPS.

LES DESSINS HUMORISTIQUES

Pour chaque acte de parole, 2 dessins illustrent 2 énoncés de la liste (les énoncés de la liste sont parfois légèrement modifiés). Ces dessins, au nombre de 70, sont également numérotés.

L'utilisation pédagogique de ces dessins se trouve sur les dessins même ou dans les mises en scène.

LES MISES EN SCÈNE

Elles rassemblent une diversité d'activités pédagogiques qui permettent de travailler sur les listes et les dessins en réutilisant, en approfondissant et en diversifiant les réalisations linguistiques dans les situations de communication proposées.

2. TYPOLOGIE DES ACTIVITÉS DE MISES EN SCÈNE

Les 8 modules proposent une diversité d'activités variables selon les modules.

---

* Le module 8 porte sur la gestion de la parole plutôt que sur des actes de parole proprement dits, ce qu'indiquent, d'ailleurs, les intitulés : A moi de parler. A vous de parler.

ENTREZ DANS LE DESSIN

regroupe les activités portant sur les dessins.

• **Animez le dessin** permet à l'apprenant, tel un marionnettiste, de donner vie aux personnages, en les faisant parler, en leur prêtant une personnalité et en les faisant agir ou réagir.

• **Vous êtes un autre** : l'apprenant prend le rôle d'un des personnages du dessin.

• Les dessins figurant dans les mises en scène sont des situations permettant à l'apprenant de réagir par la parole ou d'inventer des répliques.

LES MOTS EN SITUATION

regroupe une série d'activités portant sur les listes.

Une réflexion sur les conditions d'utilisation de la langue est proposée dans cette rubrique par le biais des activités suivantes

• Trouver les circonstances dans lesquelles ont été produits les énoncés, c'est-à-dire : qui parle, à qui, où, quand, de quoi et pourquoi ?

• Entrer en interaction avec les énoncés en y réagissant, en les théâtralisant, en les mettant en dialogue. Cette activité interactive s'effectue souvent en petits groupes.

• Classer les énoncés de la liste selon divers critères : interlocuteurs connus ou inconnus, relations formelles ou amicales, formulations directes ou allusives.

• Repérer et localiser les éléments linguistiques qui manifestent l'intention de communication.

• Faire varier les énoncés de façon à modifier l'attitude du locuteur.

• Mettre en relation des énoncés provenant de listes différentes selon leur compatibilité.

Certaines de ces activités sont proposées sous forme de tableau.

Pour chaque module à l'intérieur de cette rubrique, une activité écrite, signalée par ◾, est proposée.

GALERIE DE PORTRAITS

45 personnages empruntés à certains dessins et présentés sous forme de cartes à découper, sont regroupés en fin d'ouvrage. Ces personnages gardent l'identité ou la dénomination qu'ils avaient dans leur dessin d'origine. Ils seront choisis ou tirés au sort à l'occasion des activités d'IRRUPTION ou bien serviront à réaliser les canevas des ENTR'ACTES.

IRRUPTION

A partir du module 3, cette activité consiste à faire entrer dans le dessin un personnage extérieur, tiré au sort dans la galerie des portraits. L'intrusion d'un personnage modifie la situation de communication initiale et en instaure une nouvelle.

ENTR'ACTES

Cette activité consiste à produire de petites saynètes, à partir d'enchaînements possibles d'actes de parole appartenant soit à un même module, soit à des modules différents. Aux apprenants, au besoin, de sélectionner dans les listes des modules, les réalisations linguistiques leur permettant de produire de petites conversations.

ET VOUS-MÊME

A partir de situations suggérées ou de questions personnelles, il s'agit pour l'apprenant d'exprimer sa personnalité ou son vécu.

CONVERSATIONS

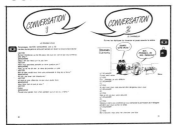

Chaque mise en scène se termine généralement par deux conversations. La première conversation reprend, sous une forme humoristique, certains des actes de parole du module. Elle peut être lue ou écoutée. La deuxième conversation donne lieu à une activité : imaginer les répliques manquantes ou construire la trame d'une interview par exemple.

Les modules 7 et 8, du fait de la spécificité de leur contenu, proposent des activités partiellement différentes. Quant au module 9, tout est à faire...

Toutes les activités recensées ici ne sont que des exploitations possibles parmi d'autres. Il n'est pas nécessaire de les faire toutes, de même qu'il est possible d'introduire certaines activités là où elles ne sont pas prévues. Tout dépendra du niveau des apprenants, de leur motivation et de l'imagination de chacun.

LA CASSETTE

La cassette est une mise en contexte sonore des actes de parole et un outil pour la compréhension et l'interprétation des situations.

La cassette présente certains énoncés des listes d'actes de parole, les dialogues ou monologues des CLIPS, ainsi que les conversations des mises en scène (les clips et conversations enregistrés sont signalés par le symbole représenté ci-contre).

Ces « échantillons sonores », toujours bruités, ancrent les séquences enregistrées dans des situations de communication variées aisément reconnaissables. Ils restituent une diversité de voix et de modulations expressives. L'écoute attentive de l'intonation permet de mieux appréhender les phénomènes de contextualisation et de modulation des énoncés et familiarise l'utilisateur avec la réalisation orale de l'acte de parole.

La cassette peut être la source d'activités de classe comme :
• Imaginer le contexte de la séquence sonore et l'identité du ou des locuteurs.
• Favoriser la compréhension discursive en axant l'écoute sur l'enchaînement des actes de parole dans une conversation.
• Travailler l'intonation expressive en faisant varier le schéma intonatif en fonction de l'attitude du locuteur (courtoise, impatiente, exaspérée etc.).
• Encourager la créativité en faisant imaginer des scénarios — écrits ou oraux — dans lesquels sont insérés l'énoncé, le clip ou la conversation.

D'autres activités à partir de la cassette pourront être imaginées selon les besoins et l'invention des utilisateurs.

Il est préférable de travailler les conversations « à trous » à partir du manuel et d'écouter ultérieurement l'enregistrement qui propose le dialogue intégral (avec les répliques dans l'auto-corrigé).

PROPOSER

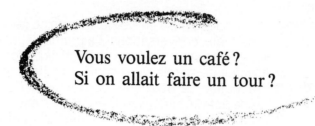

Vous voulez un café ?
Si on allait faire un tour ?

1. Tu danses ?
2. Un blouson de cuir, ça te ferait plaisir ?
3. Veux-tu que je te ramène le journal ?
4. Je peux venir demain, si ça vous arrange.
5. Nous aimerions que vous reveniez nous voir l'année prochaine.
6. Ça te dit d'aller au théâtre ?
7. Pourquoi ne pas y aller ensemble ?
8. On pourrait se tutoyer, non ?
9. On y va ?
10. Je ne suis pas là en été, prends mon appartement, si tu veux.
11. Vous ne voulez pas vous asseoir ?
12. Je propose de faire une réunion pour étudier le projet.
13. Vous seriez d'accord pour venir à Madrid ?
14. J'ai une proposition à vous faire au sujet de votre voyage au Portugal.
15. Qu'est-ce que tu bois ?
16. Qu'est-ce que vous faites ce soir ?

... Cherchez à qui peut s'adresser chacune de ces propositions, par qui elles sont faites et pour quand.

PROPOSER

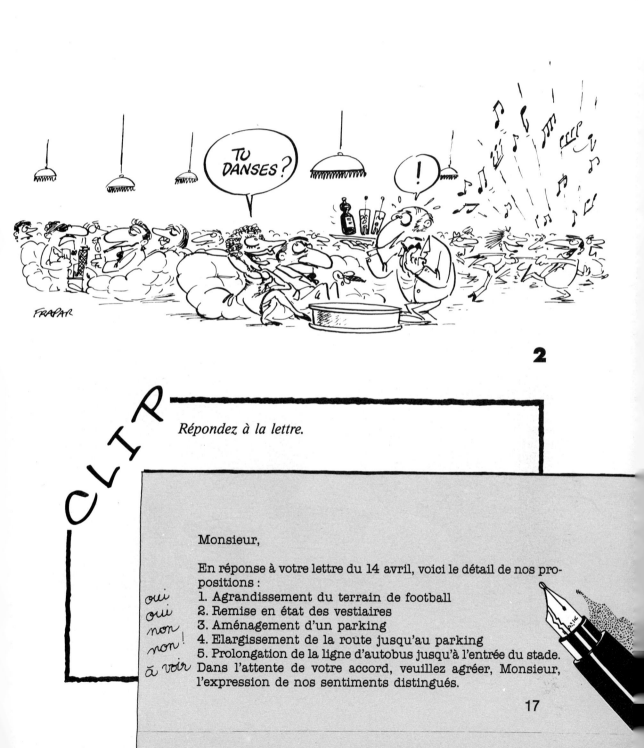

2

Répondez à la lettre.

CLIP

Monsieur,

En réponse à votre lettre du 14 avril, voici le détail de nos propositions :
1. Agrandissement du terrain de football
2. Remise en état des vestiaires
3. Aménagement d'un parking
4. Elargissement de la route jusqu'au parking
5. Prolongation de la ligne d'autobus jusqu'à l'entrée du stade.
Dans l'attente de votre accord, veuillez agréer, Monsieur, l'expression de nos sentiments distingués.

oui
oui
non
non !
à voir

17

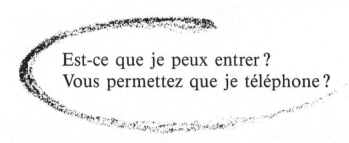

Est-ce que je peux entrer ?
Vous permettez que je téléphone ?

1. Ça ne vous dérange pas que je fume ?
2. Voyez-vous un inconvénient à ce que je m'absente cet après-midi ?
3. Papa, ça ne t'ennuie pas si je rentre tard ce soir ?
4. Ça serait possible de vous rendre le devoir la semaine prochaine ?
5. Monsieur l'agent, vous m'autorisez à me garer ici cinq minutes ?
6. Je pourrais emprunter votre stylo ?
7. On peut goûter ?
8. Laisse-moi y aller, s'il te plaît.
9. Puis-je garder ce livre encore huit jours ?
10. Je viens vous demander la permission de laisser ma voiture devant chez vous.

... *Déterminez à qui s'adresse la demande de permission.*

3

PERMISSION

4

La scène de ménage a été provoquée par un refus du mari. Remontez dans le temps et imaginez leur dialogue.

… En vous mettant par petits groupes, choisissez quelques-uns des énoncés de la liste (page ci-contre) et imaginez dans quelle situation vous feriez ces demandes.

CLIP

— M'sieur, je peux sortir, s'il vous plaît ?
— Filoche, on vient de rentrer de récréation.
— M'sieur, je dois sortir.
— Demande plus poliment.
— M'sieur, est-ce que vous permettez que votre serviteur sorte ?
— Insolent ! Reste à ta place !

DEMANDER DE FAIRE

ASKING SOMEONE TO DO SOMETHING - CHIEDERE DI FARE - BITTEN, ETWAS ZU TUN - PEDIR HACER (ALGO)

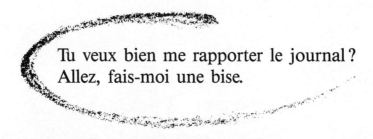

Tu veux bien me rapporter le journal?
Allez, fais-moi une bise.

1. J'aimerais bien que tu lui écrives tout de suite.
2. Voulez-vous taper ces deux lettres ? C'est urgent.
3. Est-ce que tu ne pourrais pas me prêter cent francs ?
4. Apportez-moi de l'eau.
5. Je voudrais que tu fasses tes devoirs avant de jouer.
6. Le robinet coule, tu pourras voir ce qu'il y a ?
7. Pouvez-vous me remplacer lundi prochain ?
8. Maman, tu peux m'aider à faire mon anglais ?
9. La radio, moins fort !
10. N'oublie pas le pain en rentrant.
11. Il faut arroser les plantes pendant mon absence.
12. Regarde bien dans l'appareil et ne bouge pas si tu veux de bonnes lunettes.
13. Chut !

... Indiquez à qui s'adresse la demande.

Jouez les deux personnages qui refusent catégoriquement d'éteindre leur radio ou leur télévision.

DEMANDER DE FAIRE

ASKING SOMEONE TO DO SOMETHING - CHIEDERE DI FARE - BITTEN, ETWAS ZU TUN - PEDIR HACER (ALGO)

VEUILLEZ VOUS
PRÉSENTER À
NOS BUREAUX
LE LUNDI 17 JANVIER
À 14 HEURES

Du pain, prends-moi une baguette, et puis des carottes (1 kilo), des courgettes, du poivre, le journal, mon vernis à ongles, des couches pour le petit, des balles de ping-pong, passe à l'agence pour voir si les billets sont prêts. Je crois que c'est tout. Mais ne rentre pas trop tard. Ta mère n'aime pas que tu tardes.

21

ACCEPTER

ACCEPTING - ACCETTARE - ZUSAGEN - ACEPTAR

D'accord, je veux bien.
Samedi soir, ça me convient.

1. Je suis d'accord pour partir le 20 octobre.
2. Bon, je le ferai, mais pas tout de suite.
3. Oui, vous pouvez compter sur nous.
4. Je veux bien, à condition que tu m'aides.
5. Avec plaisir.
6. Pourquoi pas ?
7. Je vous téléphone pour vous dire que c'est d'accord, je reste dans l'équipe de football.
8. C'est entendu, Monsieur Lefèvre.
9. Merci pour votre invitation, je viendrai avec Edouard.
10. Puisque vous ne pouvez pas y aller, j'irai la chercher moi-même.
11. Merci, je prendrai un café.
12. A dix heures ? Si tu veux.
13. Pas de problème.
14. Non, ça ne me dérange pas.
15. Ben oui, s'il n'y a pas d'autres solutions...
16. Tant pis, je viendrai.
17. Ah oui, génial !

... *Formulez les propositions qui ont permis de donner ces réponses.*

... *Distinguez dans la liste les énoncés qui expriment une acceptation franche de ceux qui montrent une certaine réserve.*

7

ACCEPTER

ACCEPTING - ACCETTARE - ZUSAGEN - ACEPTAR

FRAPAR.

CLIP

— Tu peux me rendre un service ?
— Avec plaisir.
— Voilà, j'ai besoin de ta voiture pour ce soir.
— D'accord, je ne sors pas, prends-la.
— Tu peux me prêter cent francs ? C'est pour l'essence.
— Euh... oui. Tiens voilà.
— Merci. Ah ! encore une chose, tu peux me remplacer demain matin, je serai pris jusqu'à midi.
— Entendu, jusqu'à midi, je peux.
— Merci. Tu me passes les clés ?
— Les clés ?
— Ben oui, les clés de la voiture.
— Bien sûr, les clés. Tiens.
— Merci, tu me rends service. A demain !
— Attends !
— Quoi ? Qu'est-ce que j'ai oublié ?
— Tu n'as pas l'heure ? J'ai prêté ma montre à ton frère.

REFUSER

REFUSING - RIFIUTARE - ABLEHNEN - REHUSAR

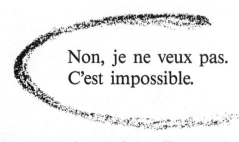

Non, je ne veux pas.
C'est impossible.

1. Malheureusement, je ne suis pas libre mardi.
2. Non, je n'ai pas envie de la voir.
3. Je regrette, mais le magasin est fermé.
4. C'est dommage, je ne peux pas.
5. Je vais réfléchir.
6. Pas maintenant, je suis occupé.
7. Ça jamais !
8. Non, je n'irai pas chercher ton manteau.
9. Le Président ne peut vous recevoir, je suis désolée.
10. Je refuse de répondre à cette question.
11. Tu rigoles !
12. Ce n'est pas possible dans l'immédiat, mais une autre fois peut-être.
13. Pas question !
14. Vous croyez que je n'ai que ça à faire !
15. Écoutez, vous n'y pensez pas !
16. Samedi ? Franchement, je préfère venir un autre jour.
17. Non c'est non !
18. Pas ici, je t'en prie.
19. Tu as assez de vêtements, ça suffit.

... *Dans quels énoncés donne-t-on des raisons au refus ?*

9

REFUSER

REFUSING - RIFIUTARE - ABLEHNEN - REHUSAR

10

... Vous avez remarqué que certains refus sont fermes alors que d'autres sont atté-
nués ou contiennent des justifications. Dans les énoncés 1, 4, 5, 9, 12, 16, 18 (page
ci-contre) repérez ce qui sert à atténuer ou à justifier les refus.

— J'irais bien au cinéma, ça te dit ?
— Ce soir ?
— Ce soir, oui. Ça ne te dit pas ?
— Je ne sais pas. Pour voir quoi ?
— Ce que tu veux. J'ai le programme.
— Je ne sais pas. Il est tard, non ?
— Mais non. Viens, je t'invite.
— Non, je suis fatigué. Je préfère rentrer.
— D'accord, je te ramène ?
— Non merci, je vais prendre le bus.

ENTREZ DANS LE DESSIN

Animez le dessin

Choisissez l'un des dessins 1, 2, 3, 5, 6 et imaginez :
• le lieu où se déroule la scène ;
• l'identité des personnages (profession, âge, milieu social, situation de famille, etc.) ;
• les relations existant entre les personnages (parents, amis, inconnus).
Maintenant, imaginez les réponses d'ACCEPTATION ou de REFUS à la demande qui est faite. Pour vous aider, consultez vos listes d'énoncés p. 22 et 24.

Exemple : Dessin 2, p. 17.
La scène se passe dans une boîte de nuit. Une femme élégante, assez jeune, probablement sans profession, est assise à côté de son mari, gros industriel parisien, la cinquantaine. Le serveur leur apporte des boissons.
La femme **propose** *: Tu danses ?*
Le serveur **refuse** *: Mais, madame, je regrette, je ne peux pas.*
ou
C'est dommage, je ne suis pas libre et vous non plus.
ou
Pas maintenant, je suis occupé, etc.
accepte : Oui, je veux bien.
ou
Pourquoi pas ?

LES MOTS EN SITUATION

Par petits groupes, choisissez une des listes du module et imaginez dans quelle situation les énoncés peuvent être dits :
— qui est la personne qui parle ?
— à qui parle-t-elle ?
— où est-elle ?
— que veut-elle ?

Exemple :
— Vous seriez d'accord pour venir à Madrid ? **(proposer)**
QUI : *l'entraîneur de l'équipe de football du REAL de Madrid.*
A QUI : *l'entraîneur d'une équipe française.*
OÙ : *au téléphone.*
QUE VEUT-IL : obtenir que l'équipe française joue un match à Madrid.

Demander la permission

Imaginez les réponses aux demandes 1 à 10 de la liste, en vous aidant des listes **accepter** ou **refuser**.

SCĒNE 1

Demander de faire

Faites la liste de ce que l'on vous demande de faire dans les consignes, de la page 16 à la page 25.

Exemple : p. 16 cherchez...
p. 17 répondez...

GALERIE DE PORTRAITS

Un pêcheur : carte n° 1
Un P.D.G. : carte n° 2
Un douanier : carte n° 3
La vieille dame : carte n° 4
Le petit garçon : carte n° 5
Mandarine : carte n° 6

Vous avez découpé les cartes représentant les personnages. Vous les connaissez, ils se trouvent dans les dessins du module. Mettez-vous par deux et tirez chacun un personnage au hasard. Imaginez une situation où vos personnages ont à réaliser les actes de parole suivants (c'est à vous de décider quel est l'acte de parole qui va avec le personnage) :

demander la permission	accepter	ou	refuser
proposer	accepter	ou	refuser

Exemple :
Personnages tirés au sort : la vieille dame
le P.D.G. (directeur de société).

*Le P.D.G. **propose :** Puis-je vous aider à traverser la rue ?*
*La vieille dame **refuse :** Non mais, jeune homme, vous me prenez pour une vieille !*

ET VOUS-MÊME?

• Êtes-vous de ceux qui savent refuser fermement ou préférez-vous la « manière douce » ?
• Évoquez des situations dans lesquelles vous avez été amené(e) à refuser.
• Vous avez une minute pour faire une proposition à l'une des personnes qui se trouvent autour de vous.

Réagissez…

Remplissez la bulle.

Cherchez une situation dans laquelle « Pouvez-vous enlever le tabouret ? » est une réplique banale.

LE RENDEZ-VOUS

Personnages, HECTOR, MANDARINE, (voir p. 23)
Les deux jeunes gens se retrouvent samedi soir devant la fontaine Saint-Michel.

HECTOR
Bonsoir Mandarine, ça me fait plaisir de vous voir, est-ce que vous aimeriez aller dîner ?
MANDARINE
Dîner ? Ah non merci je n'ai pas faim.
HECTOR
Alors nous pourrions prendre un verre quelque part ?
MANDARINE
Hum, ça ne me dit rien. Je viens de prendre un café.
HECTOR
Bon eh bien voulez-vous faire une promenade le long de la Seine ?
MANDARINE
Ah non, pas avec ces chaussures !
HECTOR
Je vous en prie, dites-moi ce que vous voulez faire.
MANDARINE
Vous ferez tout ce que je veux ?
HECTOR
Ououii.
MANDARINE
Pouvez-vous garder mon chien pendant que je vais au cinéma ?

LE CHARMEUR

Écrivez les répliques du douanier et jouez ensuite la scène.

FRAPAR

LE DOUANIER
Ouvrez votre valise.
LE PDG
Euh... attendez, je vais réfléchir.
LE DOUANIER
(1)...
LE PDG
Je veux bien mais cela pourrait être dangereux pour vous.
LE DOUANIER
(2)...
LE PDG
Mais je dis ça pour votre sécurité.
LE DOUANIER
(3)...
LE PDG
Messieurs dans ces conditions je vous demande la permission de m'éloigner pendant que vous ouvrez la valise.
LE DOUANIER
(4)...
LE PDG
Bon d'accord, mais allez me chercher une flûte.

31

ANNONCER

INFORMING - ANNUNCIARE - ANKÜNDIGEN - ANUNCIAR (UNA NOTICIA)

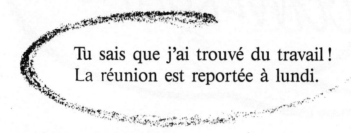

Tu sais que j'ai trouvé du travail !
La réunion est reportée à lundi.

1. Je ne pourrai pas venir ce soir.
2. Tu savais que Pierre était rentré ?
3. Tu es au courant ? Elle a eu une fille !
4. Tu connais la nouvelle ? Woody Allen est à Paris.
5. Il paraît que la fac va fermer.
6. Figure-toi que je pars au Mexique la semaine prochaine !
7. Tu connais la meilleure ? Ma mère se présente aux élections !
8. Nous vous informons que le vol Paris-Marseille est annulé.
9. On m'annonce à l'instant que Madame Tresson est élue.
10. Ah ! Il faut que je vous dise : la douche ne marche pas.
11. Tu ne sais pas ? J'ai rencontré ton frère.

... *Transformez ces informations en bonnes ou mauvaises nouvelles selon le contexte que vous leur donnez.*

... *Mettez-vous par groupe de deux ; l'un de vous choisit un énoncé de la liste. Il « prépare » son interlocuteur à recevoir la bonne ou mauvaise nouvelle. L'autre réagit à l'annonce de la nouvelle.*

ANNONCER

INFORMING - ANNUNCIARE - ANKÜNDIGEN - ANUNCIAR (UNA NOTICIA)

... NOUS VOUS INFORMONS QUE LE VOL PARIS-NEW-YORK EST ANNULÉ !

FRAPAR.
12

CLIP

Écoute, mon amour, j'ai à te parler, il faut que je te parle, je ne sais pas comment te le dire... j'ai quelque chose à t'annoncer,... le bébé a mangé du papier, non, ce n'est pas grave, mais vois-tu... enfin, tu ne me demandes pas quels papiers il a déchirés ? Tes 50 pages de thèse... tu sais justement celles que tu voulais faire photocopier.

DONNER SON OPINION

GIVING OPINIONS - DARE IL PROPRIO PARERE - SEINE MEINUNG AUSDRÜCKEN - DAR SU PARECER

DONNER UNE OPINION INDIFFÉRENTE

Ça m'est égal.
Ça ne m'intéresse pas.

1. Je ne sais pas.
2. Bof !
3. Comme ci, comme ça...
4. Oh moi, vous savez, l'art moderne...
5. Je n'ai rien à dire là-dessus.

DONNER UNE OPINION FAVORABLE

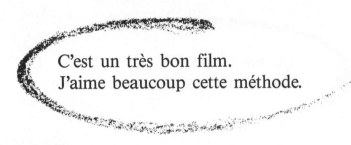

C'est un très bon film.
J'aime beaucoup cette méthode.

1. Elle est très intelligente.
2. Je le trouve sympa.
3. Délicieux, ce gâteau !
4. C'était superbe !
5. Tu as très bien parlé.
6. A mon avis, c'est le plus grand musicien du XXᵉ siècle.
7. N'est-ce pas merveilleux ?

Vous êtes l'animateur, annoncez un changement de programme en le justifiant.

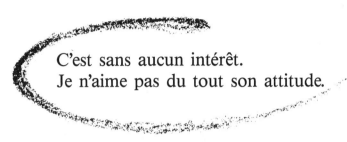

C'est sans aucun intérêt.
Je n'aime pas du tout son attitude.

1. Je ne comprends pas ce genre de peinture.
2. C'est affreux, impensable, idiot...
3. Je trouve cela stupide.
4. Il ne me plaît pas du tout.
5. Je déteste ce tableau.
6. Je suis vraiment insensible à son charme.
7. Ça me laisse froid.

... C'est vous qui exprimez ces jugements. Imaginez à propos de quoi ou de qui.

15

Vous êtes le mari, annoncez à votre femme ce qui est arrivé.

REPROCHER

MAKING A REPROACH - RIMPROVERARE - VORWERFEN - REPROCHAR

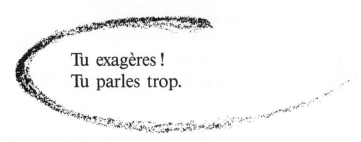

Tu exagères !
Tu parles trop.

1. Tu ne penses qu'à toi !
2. Tu aurais dû m'en parler !
3. C'est à cette heure-ci que tu rentres ?
4. Tu m'as menti.
5. Il ne fallait pas venir si tard.
6. Je vous ai déjà dit plusieurs fois de ne pas agir ainsi !
7. Tu as eu tort.
8. Il y a une demi-heure que j'attends !
9. C'est toujours moi qui écris.
10. Tu sais, ce n'est pas très gentil de nous laisser tomber.
11. Si tu avais réparé la voiture, j'aurais pu partir ce matin.
12. Ah, ce que tu as ronflé cette nuit !
13. Pourquoi ne m'as-tu pas téléphoné ?
14. Ça sent la fumée ici !
15. Tiens, il n'y a plus de chocolat.

... Savez-vous ce qui a occasionné ces reproches ?

16

Vous êtes le mari, vous réagissez en faisant à votre tour des reproches.

REPROCHER

MAKING A REPROACH - RIMPROVERARE - VORWERFEN - REPROCHAR

17

... *Choisissez dans votre liste d'énoncés (page ci-contre) certains reproches et exprimez-les de façon plus atténuée, pour ne pas mettre en cause* directement *la personne concernée par le reproche.*

Départ en vacances.

— Tu as les billets ?
— Les billets ! Tu ne les a pas pris ?
— Mais non. Franchement, tu exagères. Je t'avais dit de les prendre.
Ils étaient sur la table. Tu aurais dû faire attention.
Tu oublies toujours tout.
— Là tu exagères, pas tout ! J'ai pris les valises.
— Et mon sac ?
— Le voilà. Les billets sont dedans.

PROTESTER

PROTESTING - PROTESTARE - PROTESTIEREN - PROTESTAR

Non mais dites donc !
C'est impensable !

1. Je ne suis absolument pas d'accord.
2. Je proteste.
3. Vous n'avez pas à dire des choses pareilles.
4. Dans ces conditions, je m'en vais.
5. Vous n'y pensez pas !
6. Pour qui vous prenez-vous ?
7. C'est la première fois que je vois une chose pareille.
8. Vous n'avez pas honte !
9. Si tout le monde faisait comme vous !
10. Ça suffit !
11. Mais c'est du racisme !
12. Vous ne voyez pas que je fais la sieste !
13. Ça alors, c'est la meilleure, tu te moques de moi !

... Imaginez ce qui a motivé ces protestations.

18

PROTESTER

19

ENTREZ DANS LE DESSIN

Animez le dessin
• Dessins 11 - 12 p. 32-33

Faites *réagir* les passagers et les clients de l'hôtel. Ils **font des reproches,** ils **protestent** ou ils **acceptent** avec résignation la situation. Consultez vos listes d'actes de parole si besoin est.

Exemple : Dessin 11
« Ah ! Il faut que je vous dise... la douche ne marche pas. »
Vous **protestez :** *C'est la première fois que je vois une chose pareille !*
Vous **acceptez :** *Oh ! ça ne fait rien, s'il y a un lit...*

• Dessins 13 - 14 - 15 p. 35-36-37

Modifiez l'opinion exprimée en lui donnant une valeur favorable, défavorable ou d'indifférence.

Exemple : Dessin 14
Opinion favorable :   *A mon avis, c'est le plus grand musicien du XXe siècle.*
Opinion défavorable : *Je déteste ce genre de musique.*
Indifférence :   *Oh, moi, vous savez, le hard rock...*

LES MOTS EN SITUATION

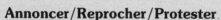

Annoncer/Reprocher/Protester.
Composez de petits dialogues en utilisant d'abord les énoncés de la liste **annoncer** et en les combinant avec des énoncés de la liste **reprocher** ou **protester** lorsque c'est possible.

ANNONCER

1 *Je ne pourrai pas venir ce soir*
2
3
4
5
6
7
8 *nous vous informons que le vol Paris-Marseille est annulé*
9
10
11

REPROCHER

1   10
2   11
3   12
4   13 *Pourquoi ne m'as-tu pas téléphoné ?*
5   14
6   15
7
8
9

PROTESTER

1   10
2   11
3   12
4   13
5
6
7 *C'est la première fois que je vois une chose pareille.*
8
9

Donner son opinion

Vous venez de passer une semaine à l'hôtel. Donnez votre appréciation en un seul mot.

la chambre	. . . . .	le petit déjeuner	. . . . . .
le lit	. . . . .	le chauffage	. . . . . .
le calme	. . . . .	le dîner	. . . . . .

SCĒNE 2

Annoncer/Reprocher

Choisissez à qui vous voulez écrire et ce que vous voulez annoncer ou reprocher.

Vos parents	1	1 vous n'avez pas de nouvelles.
Votre voisin	2	2 vous arrivez dans deux jours.
Votre banque	3	3 vous êtes plein d'admiration.
Un ami d'enfance	4	4 qu'il y a trop de bruit.
Votre grand-père	5	5 que vous avez eu un petit frère.
Un hôtel	6	6 vous partez pour un voyage d'un an.
Une vedette de la chanson	7	7 votre courrier n'arrive pas régulièrement.

Exemple :
Si vous avez couplé 2 et 4, rédigez une lettre de protestation à votre voisin qui fait trop de bruit.

GALERIE DE PORTRAITS

Regardez les personnages qui constituent votre galerie de portraits :

Le musicien rock : carte n° 7

La fan : carte n° 8

Le cuisinier : carte n° 9

Le pompier : carte n° 10

Le petit garçon, Jérémie : carte n° 11

Le couple, M. et Mme Douchepanne : carte n° 12

Mettez-vous par deux et tirez chacun un personnage au hasard. Imaginez que l'un **annonce** un événement ou fait une action qui amène l'autre à **donner son opinion**, à **protester** ou à **reprocher**.

Exemple : Jérémie et le musicien rock.

*Jérémie **annonce** :*   Tu sais que j'ai écrit une chanson. Tu veux voir ?

*Le musicien **donne son opinion** :* Mais c'est génial, formidable, il faut que tu continues, fantastique !

ET VOUS-MÊME ?

• L'un d'entre vous donne le nom d'un musicien, d'un peintre, d'une œuvre d'art, d'un titre de film, d'un livre, etc. Vous donnez spontanément votre opinion.

Exemple : A propos du photographe David Hamilton :
— Ses photos sont superbes !
— Oh, moi ! la photographie, ça ne me parle pas.
— Ça me laisse froid.

• Réfléchissez pendant cinq ou dix minutes pour trouver des situations dans lesquelles vous ne pourriez pas vous empêcher de **protester**.

• Voici trois situations dans lesquelles vous avez à **protester**.

   1. Votre opticien a interverti les verres de vos lunettes. Vous les lui rapportez.

   2. Un membre de votre famille vous donne l'ordre de ranger toute la maison.

   3. Vous entendez l'opinion suivante : « Moi, je trouve qu'il faut battre les enfants de temps en temps . »

Que diriez-vous si cela vous arrivait ?

SCĒNE 2

A partir des éléments donnés par le dessin (attitudes, décors), imaginez le genre de vie et le caractère de la femme.

Exprimez l'opinion du second personnage.

CONVERSATION 1

Personnages (du dessin 11) : M. DOUCHEPANNE, MME DOUCHEPANNE, LE CUISINIER.

Décor : un restaurant élégant.

M. DOUCHEPANNE
Regardez ce que j'ai trouvé dans la salade !

MME DOUCHEPANNE
Vous trouvez ça normal, une salade qui n'est pas nettoyée ?

LE CUISINIER
Madame !

M. DOUCHEPANNE
Y a pas de « Madame ». Je trouve inadmissible que dans un établissement comme le vôtre, on voie des choses pareilles !

LE CUISINIER
Mais Monsieur !

MME DOUCHEPANNE
En plus ça fait trois quarts d'heure qu'on attend pour être servis !

M. DOUCHEPANNE
Vraiment vous exagérez, enlevez-moi cette salade !

MME DOUCHEPANNE
A votre place j'aurais honte !

LE CUISINIER
Madame, je ne suis à cette place que depuis une demi-heure, je viens d'être engagé.

CONVERSATION 2

Ecrivez les répliques de Mimi (légèrement agressive)
et jouez la scène).

Personnages : Le chanteur rock : FRANCKY — La fan : MIMI.

Décor : la loge de Francky, après le spectacle.

MIMI
A mon avis Francky, tu es le plus grand de tous.

FRANCKY
Ah non ce soir, j'étais mauvais.

MIMI
*Je ne suis pas d'accord, c'était fabuleux ! Dis donc t'as reçu mes lettres ?... c'est moi...
Mimi.*

FRANCKY
Ah c'est toi la fille qui m'écris tous les jours !

MIMI
(1)...

FRANCKY
Oh tu sais je reçois tellement de courrier !

MIMI
(2)...

FRANCKY
*Ah Mimi si le métier m'en laissait le temps ! D'ailleurs, tu vois je ne peux pas rester
avec toi plus longtemps, je dois repartir.*

MIMI
(3)...

FRANCKY
C'est toujours la même chose. Je suis fatigué, laisse-moi partir, ça suffit.

MIMI
(4)...

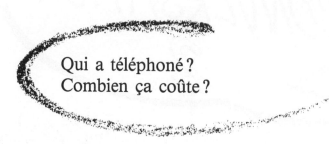

Qui a téléphoné?
Combien ça coûte?

1. La gare, s'il vous plaît ?
2. Pouvez-me dire comment aller au Centre Pompidou ?
3. A quelle heure est la réunion ?
4. Quand prenez-vous vos vacances ?
5. Je voudrais téléphoner, où est la cabine ?
6. Chéri, est-ce que tu aurais vu mes clés, par hasard ?
7. Excusez-moi, Madame, je ne trouve pas la rue Mazarine.
8. Explique-moi comment tu as fait cette sauce.
9. Je ne sais pas qui aller voir pour m'inscrire.
10. Est-ce que vous connaissez un endroit où je pourrais faire de la gym ?
11. Quel âge as-tu ?
12. Quelle est votre adresse ?
13. Où est la salle d'examen ?
14. Savez-vous si Monsieur Staninowski est là ?
15. J'aurais voulu savoir si le magasin est ouvert le dimanche.

... A votre avis, ces paroles sont-elles adressées à quelqu'un de connu ou d'inconnu ?

... On vous demande une de ces informations, donnez-là.
Si nécessaire, vous pouvez demander vous-même des précisions pour pouvoir don-
ner l'information demandée (ex. : 3 Quelle réunion ?).

20

Faites réagir le maître d'hôtel: • *il donne l'information* • *il proteste* • *il refuse*

INFORMATION

Faites réagir le cultivateur :
- *il donne l'information demandée*
- *il proteste*
- *il refuse*

— Excusez-moi Monsieur, je suis japonais, je viens d'arriver à Paris, je cherche un foyer d'accueil pour étudiants, j'ai une adresse sur ce papier mais je n'arrive pas à la lire.
— Écoutez, je ne comprends rien à ce que vous dites, je ne suis pas d'ici et je n'ai pas le temps.
— Hôtel pas cher ?
— Ah bon. Sur la place, à côté.

49

DEMANDER UN AVIS

ASKING FOR ADVICE - CHIEDERE PARERE - EINE MEINUNG ERFRAGEN - PEDIR OPINIÒN

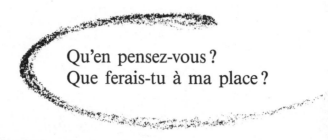

> Qu'en pensez-vous ?
> Que ferais-tu à ma place ?

1. Comment l'appellerais-tu ?
2. Comment faire pour le prévenir ?
3. A votre avis, qu'est-ce qu'il faut emporter comme vêtements ?
4. Tu penses que je devrais l'épouser ?
5. J'ai raison ou non ?
6. Comment est-ce que tu la trouves ?
7. Qu'est-ce qu'on pourrait lui offrir ?
8. Je la raccourcis ou pas ?
9. Tu me conseilles de la prendre en rouge ou en vert ?
10. Qu'est-ce que je dois faire, tu crois ?
11. C'est bien comme ça ?

... Sur quoi
demande-t-on un avis ?

Faites parler l'arbitre et le spectateur de gauche.

22

50

DEMANDER UN AVIS

EUH! PAS MAL! PAS MAL... UN PEU VOYANTE, PEUT-ÊTRE?...

ALORS, PAPA, COMMENT TU LA TROUVES?

23 *Imaginez qui sont les personnages en présence et où se déroule la scène.*

CLIP

Prima, n° 28, janvier 1985

mardi 10 h

Juliette,

on me propose un remplacement à Lyon en octobre (3 semaines). J'hésite! Je voudrais ton avis...

Françoise

Appelle-moi au 47-12 avant 15h. Il faut que je réponde ce soir.

Pas de « mea culpa »

J'ai 20 ans et je suis très complexée. Il me semble que je suis dépourvue de sentiments. Est-ce normal de sortir avec un garçon sans ressentir un seul sentiment? Je suis peut-être trop centrée sur moi?

Agnès. Paris

Cessez de vous frapper la poitrine en répétant: « c'est de ma faute, c'est ma très grande faute ». Si vous n'aimez pas votre petit ami, c'est qu'il n'est pas aimable! Si vous ne ressentez rien pour lui, c'est qu'il ne vous inspire pas! C'est son problème, pas le vôtre, alors pourquoi tout compliquer?

CONSEILLER

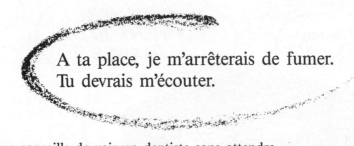

A ta place, je m'arrêterais de fumer.
Tu devrais m'écouter.

1. Je vous conseille de voir un dentiste sans attendre.
2. Couche-toi plus tôt.
3. Ce serait intéressant pour vous de visiter le Sud de la France.
4. Écoutez-moi : vous allez prendre un bain chaud et ça ira mieux.
5. Écoute, je serais toi, je ne répondrais pas.
6. C'est en écoutant la BBC que vous ferez des progrès.
7. Je ne voudrais pas me mêler de ce qui ne me regarde pas, mais tu t'alimentes mal.
8. Je pense que tu pourrais leur envoyer cet article.
9. Pourquoi ne vas-tu pas voir une voyante ?
10. A mon avis, tu ne dois pas le laisser partir seul en vacances.
11. Peut-être que tu dois insister.
12. Il vaut mieux que tu n'y ailles pas.
13. Pour l'Opéra, vous feriez mieux de prendre le bus.

... *Que s'est-il passé pour que ces conseils soient donnés ?*

... *Pour chaque énoncé de la liste donnez un conseil différent ou opposé.*

24

CONSEILLER

JE VOUS CONSEILLE DE LE VAPORISER AVEC...

... UN INSECTICIDE !

FRAPAR.

25

- *Donnez une identité aux trois personnages.*
- *Trouvez d'autres conseils à donner.*
- *Retournez le dessin et faites parler le personnage du milieu.*

CLIP

Sandrine. TOULOUSE

Quel est le problème de Sandrine ?

Décidez votre mère à parler à votre père. Elle seule peut transformer un « non » définitif en un « on verra » lourd de promesses. Mais attention ! Une fois le « oui » tant espéré enfin arraché, pensez à l'avenir. Rentrez à l'heure fixée et, en fin de semaine, ramenez une moisson de bonnes notes. Vous verrez, aucun père ne résiste à ce genre d'arguments.

Prima, n° 28, janvier 1985

DIRE COMMENT FAIRE

TELLING HOW TO DO - DIRE COME FARE - ANWEISUNGEN GEBEN - DECIR COMO HACER

C'est comme ça qu'il faut faire.
Pour téléphoner, il faut mettre un jeton.

1. Vous tournez à droite, vous prenez le quai et vous arrivez à la gare.
2. Ah moi, je mets du persil, des oignons et des aromates.
3. Tenez-vous en équilibre, la tête bien droite !
4. Tu tiens ta raquette trop près du corps, allonge le bras.
5. Tu dois d'abord vérifier le compteur.
6. Vous prendrez ces comprimés trois fois par jour, avant chaque repas, avec un peu d'eau.
7. C'est tout droit.
8. Demandez à la réception.
9. Il faut que vous alliez voir d'abord Monsieur Guimbert.
10. Pour prononcer « u », avancez les lèvres, comme pour siffler.
11. Là, tu enfonces bien la clé, tu tires la porte vers toi et tu tournes.

... Dites ces énoncés à voix haute, en les accompagnant de gestes.

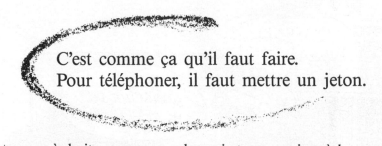

26

DIRE COMMENT FAIRE

A la fin du concert, la femme à droite du spectateur mécontent lui reproche son attitude.

COMMENT
SE RENDRE À NICE

Le moyen le plus simple et le plus rapide, sans grand écart de prix avec le train, reste l'avion avec Air Inter :
775 F en vols plein tarif
580 F en vols blancs (jusqu'à 25 ans, pour les étudiants, les retraités etc. durant certaines périodes horaires)
470 F en vols bleus (qui dépendent également des horaires).
Téléphone réservations de Paris : 45.39.25.25
Téléphone réservations de Nice : 93.31.55.55.

Et par le train ?
Renseignez-vous...

Biba n° 70 (déc. 85)

Pâte à crêpes

Pour 30 crêpes, environ, il faut 400 g de farine, 3 œufs entiers, 2 cuillères à soupe d'huile, 1 pincée de sel, 3/4 de lait, 1/3 de l (ou 35 cl) de bière.
Dans un grand saladier, mélange tous les éléments au batteur électrique pour obtenir une pâte liquide et lisse.
Fais bien chauffer la poêle verse l'huile puis la pâte : penche la poêle pour qu'elle s'étale bien. Quand la pâte est saisie, retourne ta crêpe. Graisse la poêle avec un tampon imbibé d'huile.

ENTREZ DANS LE DESSIN

Dessin 23 : Plus tard et en tête-à-tête, le père **conseille** le fils
         demande des informations
         dit comment faire

LES MOTS EN SITUATION

Demander un avis / Conseiller
Reportez-vous à vos listes **demander un avis** et **conseiller.** Couplez les énon-cés en imaginant des situations plausibles.
Exemple : — *Qu'est-ce que je dois faire ?*
    — *A ta place, je m'arrêterais de fumer.*
     (Un musicien, toujours essoufflé, demande conseil à un ami qui joue,
 comme lui, de la trompette.)

Demander une information / Dire comment faire
Répondez aux demandes d'information à l'aide de vos listes.

Exemple : — *Pouvez-vous me dire comment aller au Centre Pompidou ?*
    — *C'est tout droit.*

Reliez par une flèche les énoncés qui peuvent aller ensemble.

Demander une information
1	2	3	5	7	8	9	10	13	14

Dire comment faire
1	2	5	7	8	9

GALERIE DE PORTRAITS

Regardez les personnages qui constituent votre galerie de portraits :
Le paysan : carte n° 13
Le maître d'hôtel : carte n° 14
La voyageuse : carte n° 15
Le psychiatre : carte n° 16
Léone : carte n° 17
Le comte : carte n° 18

Mettez-vous par deux et tirez chacun un personnage au hasard.

SCĒΠE 3

Imaginez une situation où vos personnages ont à réaliser les actes de parole suivants :
Demander une information / **Demander un avis**
Conseiller et / ou **Dire comment faire**

Exemple : Le psychiatre : Pardon, monsieur, où est la mairie ? Je suis perdu, ça fait quatre fois que je me retrouve au même endroit.

Le paysan : Mais dites donc ! Vous avez des problèmes, vous devriez ouvrir les yeux. La mairie, c'est juste en face de vous !

IRRUPTION

Tirez au sort l'un des personnages de la galerie de portraits et faites-le intervenir dans l'un des dessins, pour **donner des conseils, dire comment faire** ou **demander une information**.

Exemple : Dessin 26 : Vous avez tiré le maître d'hôtel (n° 14).

- *Il **demande une information** : C'est vous qui avez passé l'annonce ?*
- *Il **dit comment faire** : Pour avoir la ligne, il faut faire le 14.*
- *Il **conseille** : Je vous conseille de ne pas rester ici trop longtemps.*

ENTR'ACTES

Imaginez des situations et des dialogues autour des actes de parole suivants :
Conseiller → **Protester** → **Donner son opinion**
Reprocher → **Demander de faire** → **Protester** ou **Accepter**
Annoncer → **Demander une information** → **Donner une information**

ET VOUS-MÊME ?

Rappelez-vous à quelles occasions, depuis 24 heures :
- Vous avez vous-même demandé des informations ou un avis, donné des conseils, ou demandé comment faire quelque chose.
- On vous a demandé des informations ou un avis, donné des conseils ou demandé comment faire quelque chose. Qu'avez-vous répondu ?

Expliquez par lettre, à un ami qui doit venir vous voir, comment aller de la gare à chez vous.

Vous laissez votre logement pendant trois semaines à des amis. Vous leur écrivez sur un papier les informations et conseils nécessaires en votre absence.

Le conflit
Imaginez ce qui se passe, qui sont les personnages, pourquoi ils se battent.
Pour jouer le conflit, consultez le module 4.

L'achat.
L'acheteur demande des informations à propos du manoir.
Donnez toutes les possibilités que vous connaissez.
(Combien de chambres y-a-t-il? Est-ce chauffé? etc.).

L'itinéraire

Prenez le plan de votre ville. Supposez que la vieille dame se trouve au lieu où vous êtes en ce moment même.
Suivez les indications de l'agent de police pour arriver à destination.
Où êtes-vous arrivé ?

Imaginez les paroles du personnage de gauche.

CONVERSATION 1

 Les personnages sont ceux du dessin 23 : *LE COMTE DE SAINT-GILLES, LE VICOMTE ADRIEN SON FILS, LÉONE.*

LE VICOMTE
Alors, papa, comment la trouvez-vous ?

LE COMTE
Eh ! pas mal ! pas mal !... un peu voyante, peut-être, qui vous l'a prêtée ?

LÉONE
Prêtée ! prêtée ! ça va pas non !

LE VICOMTE
Mais enfin, papa, elle est à moi.

LE COMTE
Vous l'avez achetée, mais avec quel argent ?

LÉONE
Comment, tu ne lui as pas dit ?

LE VICOMTE
Léone a eu la bonté de me faire ce cadeau, elle ne sait pas conduire.

LE COMTE
Mes hommages, Madame, vous avez très bon goût.

Interview du pianiste (Dessin 27). Vous êtes le journaliste et vous posez des questions à l'artiste. Écrivez-les.

— *Monsieur Staninowski, vous êtes un pianiste célèbre, à quel âge avez-vous commencé à jouer ?*

— *À 4 ans.*

— *(1)...*

— *Ma mère, oui, elle était violoniste mais mon père était antiquaire.*

— *(2)...*

— *Entre 6 et 7 heures.*

— *(3)...*

— *Je pense qu'il vaut mieux commencer vers 6 ou 7 ans.*

— *(4)...*

— *Eh bien, je donne un récital à Londres, puis à Vienne et ensuite on verra.*

— *(5)...*

— *C'est difficile à dire, mais j'ai une prédilection pour l'École française, Debussy, Fauré...*

— *(6)*

— *Travailler, toujours travailler et être habité par la musique. Sinon, ce n'est pas la peine.*

SE PLAINDRE

COMPLAINING - LAMENTARSI - SICH (BE)KLAGEN - QUEJARSE

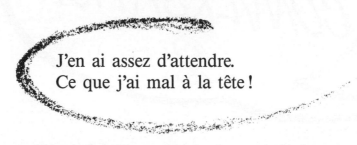

J'en ai assez d'attendre.
Ce que j'ai mal à la tête !

1. Il y a trop de bruit dans l'immeuble, je n'en peux plus !
2. Je suis débordée de travail.
3. Oh ! cette circulation !
4. Si ça continue, je démissionne !
5. Il ne me comprend pas et il ne me comprendra jamais.
6. Vous vous rendez compte ! Il ne fait jamais ses devoirs avant dix heures...
7. Il ne peut pas faire attention !
8. Mais qu'est-ce que j'ai ? J'oublie tout, en ce moment.
9. Oh là, là, ce qu'il peut être embêtant, celui-là !
10. Quelle odeur, c'est insupportable !
11. Je n'y arrive plus, je suis crevé !
12. Je dors mal.
13. Des fleurs, vous croyez qu'il m'en offrirait !

... De quoi se plaignent ces personnes ?

De qui parle-t-elle ? De quoi se plaint-elle ?

SE PLAINDRE

COMPLAINING - LAMENTARSI - SICH (BE)KLAGEN - QUEJARSE

• *De quoi se plaignent les différents clients, et pourquoi ?*
• *Vous êtes le patron du bar : dites pourquoi vous en avez ras-le-bol (= vous en avez assez).*

Bribes de conversation entendues...

— Quelle chaleur, on crève. Tiens, Gisèle, bonjour.
— Quelle foule, on ne peut même pas bouger.
— Aïe, il m'a marché sur les pieds. C'est incroyable !
— Il n'y a plus de gâteaux, c'est vrai ? Pourquoi inviter
   tant de gens ?
— Moi, j'en ai assez, je m'en vais. Ras-le-bol.
— Je vous propose de boire, tous ensemble, à la nouvelle année !
— Boire, boire, je voudrais bien manger.
   Il n'y a même plus de gâteaux, tu te rends compte !
— Oh, là là, quelle foule, et quelle chaleur !
— Ça, tu l'as dit, on crève. On s'en va ?

METTRE EN GARDE

GIVING A WARNING - METTERE IN GUARDIA - WARNEN - PONER SOBRE AVISO

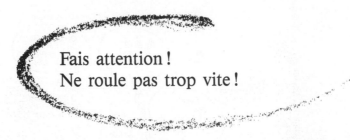

Fais attention !
Ne roule pas trop vite !

1 .Je te préviens, il fait froid, couvre-toi.
2. Si vous n'arrivez pas à l'heure, on ne vous laissera pas entrer.
3. C'est très pimenté, je te préviens.
4. Tu vas tomber...
5. Tu ne devrais pas prendre le métro à minuit toute seule.
6. Tu seras prudent, il y a du verglas.
7. Ne lui dis rien, il répète tout.
8. Méfie-toi, elle est très susceptible.
9. Hé, les gars, moins de bruit, on va vous entendre.
10. Si vous continuez, je vous avertis, j'appelle la police.
11. Vous ferez attention à la marche en sortant.
12. Attention, ce produit est inflammable.
13. Je te signale que c'est un film très violent.

... Ajoutez des explications supplémentaires aux mises en garde.

30

METTRE EN GARDE

ATTENTION VERGLAS

CLIP

RAPAR.

31

CECI EST UN MÉDICAMENT

UN MÉDICAMENT N'EST PAS UN PRODUIT COMME LES AUTRES
Il vous concerne, vous et votre santé.

LE MÉDICAMENT EST UN PRODUIT ACTIF
Une longue recherche a permis de découvrir son activité.
Mais son absorption n'est pas toujours sans danger.

NE LE LAISSEZ PAS A PORTÉE DE MAIN DES ENFANTS
Il ne faut jamais abuser des médicaments.
Il ne faut utiliser les médicaments qu'à bon escient.

UTILISEZ LES MÉDICAMENTS PRESCRITS COMME VOUS LE DIT VOTRE MÉDECIN
Il sait quels sont les médicaments dont vous avez besoin.
Exécutez exactement les prescriptions de son ordonnance : suivez le traitement prescrit, ne l'interrompez pas, ne le reprenez pas de votre seule initiative.

VOTRE PHARMACIEN CONNAIT LES MÉDICAMENTS :
Suivez ses conseils.

IL NE S'AGIT PAS POUR VOUS DE PRENDRE BEAUCOUP DE MÉDICAMENTS

IL S'AGIT POUR VOUS DE PRENDRE LES MÉDICAMENTS DONT VOUS AUREZ BESOIN.

«LA DÉPRIME»*

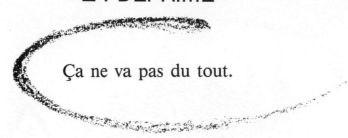

Ça ne va pas du tout.

1. J'ai le cafard.
2. Je suis déprimé.
3. Je ne vais pas bien en ce moment.
4. J'en ai marre de tout.
5. Je suis vraiment angoissé.
6. Ça pourrait aller mieux.
7. Je ne sais pas ce que j'ai...
8. Ma femme m'a quitté, je suis au chômage. A part ça, ça va.

32

Imaginez qui est le malade (métier, âge, situation familiale) et quelle est la spé-cialité du médecin.
Imaginez le début de leur dialogue.

SENTIMENTS

«LA TROUILLE»*

J'ai peur.

1. Tu me fais peur !
2. Je panique.
3. Oh là là, je ne suis pas rassuré.
4. Ça m'inquiète vraiment.
5. Je préfère ne pas regarder.
6. J'appréhende de prendre l'avion.
7. Maintenant qu'elle est revenue, j'ai la trouille qu'elle reparte.

33

* *Ces expressions sont familières.*

«LE PIED»*

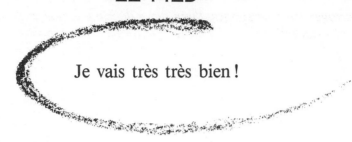

Je vais très très bien !

1. Je suis en pleine forme.
2. C'est le pied !
3. Je suis bien en ce moment.
4. Je ne vais pas trop mal, tu vois.
5. Ça marche très fort !
6. Heu-reux, con-tent. Tout va bien.
7. Ma femme est revenue, j'ai trouvé du travail, ça commence à aller.

* Cette expression est familière.

SENTIMENTS

... Vous interrogez trois personnes, l'une qui « déprime », une autre qui va très bien, une troisième qui a peur. Faites les questions et les réponses.

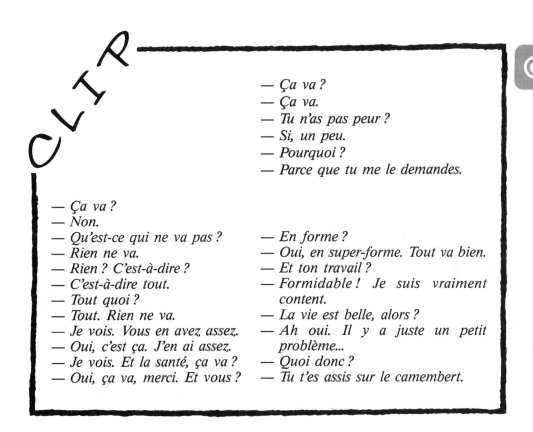

CLIP

— *Ça va ?*
— *Ça va.*
— *Tu n'as pas peur ?*
— *Si, un peu.*
— *Pourquoi ?*
— *Parce que tu me le demandes.*

— *Ça va ?*
— *Non.*
— *Qu'est-ce qui ne va pas ?*
— *Rien ne va.*
— *Rien ? C'est-à-dire ?*
— *C'est-à-dire tout.*
— *Tout quoi ?*
— *Tout. Rien ne va.*
— *Je vois. Vous en avez assez.*
— *Oui, c'est ça. J'en ai assez.*
— *Je vois. Et la santé, ça va ?*
— *Oui, ça va, merci. Et vous ?*

— *En forme ?*
— *Oui, en super-forme. Tout va bien.*
— *Et ton travail ?*
— *Formidable ! Je suis vraiment content.*
— *La vie est belle, alors ?*
— *Ah oui. Il y a juste un petit problème...*
— *Quoi donc ?*
— *Tu t'es assis sur le camembert.*

RASSURER

REASSURING - RASSICURARE - BERUHIGEN - TRANQUILIZAR

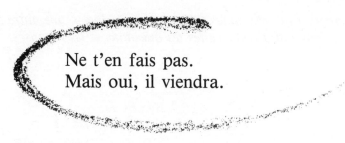

> Ne t'en fais pas.
> Mais oui, il viendra.

1. Ne vous inquiétez pas.
2. Non, Madame, votre mari n'a rien de grave. Il est seulement un peu fatigué.
3. Ça arrive à tout le monde, allez, ce n'est rien.
4. N'aie pas peur, ça passera.
5. Tu vas voir, tout va s'arranger.
6. Tu n'as rien à craindre, je reste avec toi.
7. Rassure-toi, elle est rentrée.
8. Je t'assure que c'est un très bon docteur.
9. Mais oui, je suis sûre que tu auras ton examen.
10. Ne te fais pas de soucis, tu seras premier, comme toujours.
11. Ce n'est rien, vous verrez.
12. Mesdames, messieurs, pas de panique, restez à vos places, c'est un simple incident technique.

… Est-ce qu'on rassure avant ou après l'événement qui inquiète ?

35

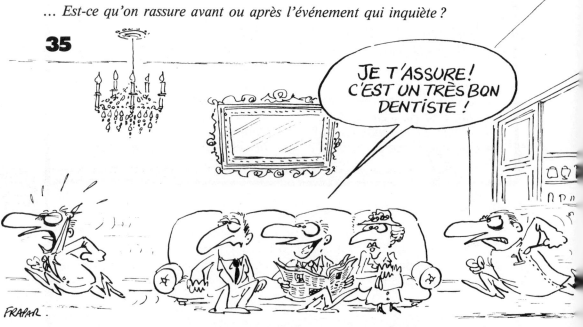

- *Vous êtes le patient, de retour chez vous, vous vous plaignez du dentiste.*
- *Vous êtes le dentiste, vous vous plaignez de votre patient à votre assistante.*
- *Vous êtes l'un des personnages assis, vous exprimez votre opinion.*

RASSURER

REASSURING - RASSICURARE - BERUHIGEN - TRANQUILIZAR

36

A l'aide de votre liste, cherchez d'autres possibilités.
Exemple : Ne t'en fais pas, nous rentrons.

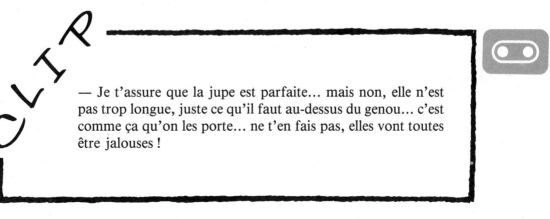

— Je t'assure que la jupe est parfaite... mais non, elle n'est pas trop longue, juste ce qu'il faut au-dessus du genou... c'est comme ça qu'on les porte... ne t'en fais pas, elles vont toutes être jalouses !

LES MOTS EN SITUATION

La trouille — Rassurer

Consultez vos listes **la trouille** et **rassurer**. Essayez de coupler les énoncés de chaque liste en imaginant à chaque fois une situation.

Exemple : Un étudiant avant un concours :
— Je ne suis pas rassuré...
— Ne te fais pas de soucis, tu seras premier, comme toujours.

Exprimez vos sentiments

Vous êtes en vacances. Écrivez à un ami une brève carte postale pour dire comment vous allez.

GALERIE DE PORTRAITS

Prenez les personnages suivants de votre galerie de portraits :
Le dentiste : carte n° 19
Le montagnard : carte n° 20
La baigneuse : carte n° 21
L'hôtesse de l'air : carte n° 22
L'inspecteur de police : carte n° 23

Tirez au sort deux personnages et imaginez une situation dans laquelle vos personnages ont à réaliser les actes de parole suivants :

« la trouille » >	rassurer	
« le pied » >	mettre en garde	ou	se plaindre

Exemple : Le dentiste et la baigneuse. Ils se retrouvent dans un club de vacances.
Le dentiste   : Ah ! ce que je suis heureux d'être en vacances, loin des caries, loin des plombages...
La baigneuse : Justement, je ne vais pas bien en ce moment, j'ai une de ces rages de dents, horrible !

IRRUPTION

• Tirez au sort un personnage dans votre galerie de portraits.
Il arrive soit à la piscine (dessin n° 34)
      soit au bistrot (dessin n° 29)
      soit au commissariat (dessin n° 30).
Il met en garde ou **exprime ses sentiments**. **Il se plaint** ou il **rassure,** ou bien c'est l'un des personnages présents qui réagit à l'irruption.

SCĒNE 4

Exemple : Vous avez tiré le montagnard qui arrive à la piscine.
>   *Il **met en garde** les personnes présentes :*
>   *— Attention, l'eau est glacée !*
>   *Il **se plaint** :*
>   *— Quelle chaleur !*
>   *Il **exprime son plaisir** :*
>   *— Ah ! Enfin, un bon bain !*

ENTR'ACTES

Imaginez des situations où vous avez à faire les actions suivantes :

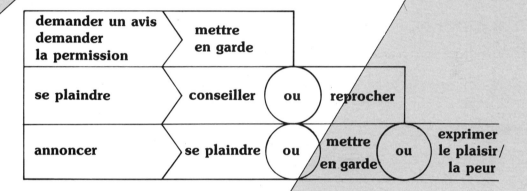

Vous pouvez aussi utiliser des personnages de la galerie de portraits.
*Exemple : **demander la permission** → **mettre en garde**.*
Vous demandez à un ami de vous prêter sa bicyclette :
— Est-ce que je peux prendre ton vélo jusqu'à six heures ?
— Oui, mais tu feras attention, les freins ne marchent pas très bien.

ET VOUS-MÊME ?

De quoi vous plaignez-vous ?
Réfléchissez quelques minutes sur ce qui vous contrarie en ce moment (par exemple, quelqu'un que vous aimez ne fait aucun effort pour vous comprendre, ou bien votre chauffage ne marche pas, etc.).

Qu'est-ce qui vous fait peur ?
La guerre ? Les souris ? L'orage ?
Quels sont les dangers qui ne vous font pas peur ?

La déprime, le pied, la trouille.
Qu'est-ce qui vous rend actuellement gai ou triste, content ou pas content, heureux ou malheureux ?

L'ami le met en garde, lui donne un
conseil ou se plaint à son tour.

Le malade rassure le médeci.

SCĒNE 4

FRAPAR

FRAPAR.

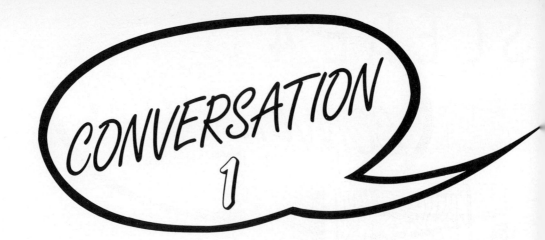

BRIBES

 Voici des bribes de conversations que vous entendez. Où cela se passe-t-il et de quoi parle-t-on ?

— *Tu es contente ?*

— *Très. Ça me plaît beaucoup ici, c'est tout bleu.*

— *J'en ai assez ! Allez jouer plus loin avec votre sable.*

— *Attention, elle monte très vite ici.*

— *Viens, n'aie pas peur, elle n'est pas froide, je t'assure.*

— *Ça suffit, laissez-moi tranquille. On ne peut même plus se reposer, alors !*

— *Ça ne va pas ?*

— *J'ai avalé au moins deux litres, berk !*

LE ROUSPÉTEUR *

Dans un chalet de montagne, deux alpinistes se rencontrent.

— *J'en ai ras-le-bol, trois heures d'ascension. Et quel temps ! et j'ai oublié de prendre le café et les sandwiches !*

— *(1)...*

— *Et il n'y a même pas de chauffage ici !*

— *(2)...*

— *J'ai oublié les allumettes. Et avec ce temps, impossible de continuer.*

— *(3)...*

— *Alors, bonjour les avalanches !*

— *(4)...*

— *Oui, et c'est la dernière, Ras-le-bol ! et mes gants ? Où sont mes gants ?*

Voici les répliques du deuxième alpiniste, trouvez leur place dans le dialogue :

a. *On va faire du feu.*

b. *C'est la première fois que vous montez jusqu'ici ?*

c. *Il faut faire attention en montagne.*

d. *J'ai un briquet et ne vous inquiétez pas, ça va s'améliorer, il va faire plus doux demain.*

* *personne qui a tendance à protester (familier)*

PRÉSENTER

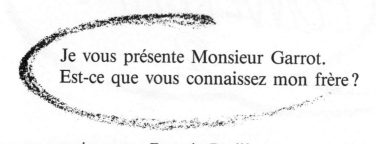

Je vous présente Monsieur Garrot.
Est-ce que vous connaissez mon frère ?

1 . Vous ne vous connaissez pas... François, Danièle...
2. C'est Madame Tremblay dont je t'ai parlé, et qui habite au 3e étage.
3. Véronique, sors de ta chambre, je veux te présenter quelqu'un !
4. Permettez-moi de vous présenter Madame Rivière.
5. J'ai le plaisir de vous présenter Monsieur Ravail, notre administrateur.
6. J'aimerais que vous fassiez la connaissance de ma femme.
7. Vous ne vous êtes jamais rencontrés, je crois ?
8. Notre invitée, ce soir, Mireille Mathieu, applaudissez-la bien fort.

... Présentez l'une à l'autre, deux personnes qui ne se connaissent pas.

SE PRÉSENTER

INTRODUCING ONESELF - PRESENTARSI - SICH VORSTELLEN - PRESENTARSE

> Moi, c'est Suzanne et toi ?
> Je m'appelle Corinne et je viens pour l'annonce.

1. Pierre Jorand, journaliste à Antenne 2.
2. Allô, André Demange, de la société Lesieur à l'appareil.
3. Vous ne me connaissez pas, mon nom est Raymond Madec et je viens de la part du gérant.
4. Bonjour, je suis l'employé du gaz.

... Dans quels lieux peut-on entendre ces énoncés ?

38

FRAPAR.

CLIP

Sur la plage : Jacques, Maurice, Odile.

Maurice : Jacques, Jacques, viens voir !
Jacques : Attends, j'arrive.
Maurice : Viens, je te dis !
Jacques : D'accord, qu'est-ce qu'il y a ?
Maurice : Voilà quelqu'un qui est de la même ville que toi. Tiens, Je te présente Jacques.
Odile : Bonjour Monsieur (elle rit).
Jacques : Bonjour Odile, enchanté (il rit).
Maurice : Vous vous connaissez ?
Odile : Un peu, c'est mon frère !

ENTRER EN CONTACT

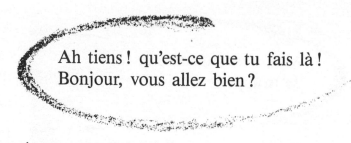

Ah tiens ! qu'est-ce que tu fais là !
Bonjour, vous allez bien ?

1. Bonjour, je peux entrer ?
2. Je ne vous ai pas déjà vue quelque part... au Café Cluny, non ?
3. Oh oh François !
4. Je ne t'avais pas reconnue avec cette coiffure.
5. Bonjour, je suis journaliste à FR3 et chargé d'une enquête sur la pollution...
6. Je peux jouer avec vous ?
7. Ça ne vous dérange pas que je m'assoie là ?
8. On ne se connaît pas, bonsoir.
9. Tu as une petite mine aujourd'hui, ça va ?
10. Bonjour, tu as fait bon voyage ?
11. Qu'est-ce que vous lisez là ?
12. Excusez-moi, je cherche Madame Marques, qui arrive du Portugal. Est-ce que c'est vous ?
13. Bonsoir, ça s'est bien passé ?
14. Excusez-moi, vous avez une minute ?
15. Ça fait un temps fou que je ne vous ai pas vu !
16. Salut, toi, tu te fais rare !

... Dans quelles circonstances se fait la rencontre ; par hasard, entre des gens qui se connaissent... ou qui essaient de se connaître ?

*Comment peut réagir l'homme au chapeau noir ? Il peut **saluer, se présenter, demander une information, exprimer ses sentiments, rassurer,** etc.*

ENTRER EN CONTACT

… Imaginez que les énoncés de la liste (page ci-contre) s'adressent à vous, comment réagissez-vous ?

ACCUEILLIR

RECEIVING PEOPLE - ACCOGLIERE - EMPFANGEN - RECÍBIR (A ALGUIEN)

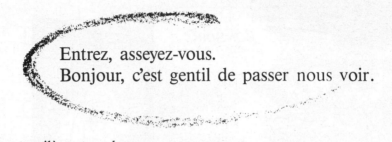

Entrez, asseyez-vous.
Bonjour, c'est gentil de passer nous voir.

1. Ah, vous voilà, entrez donc.
2. Je suis content de vous voir.
3. Ah, c'est toi !
4. C'est à quel sujet ?
5. Entrez, ne restez pas à la porte, voyons !
6. Qu'est-ce que vous venez faire à cette heure-ci ?
7. Quelle bonne surprise !
8. Tiens, voilà le plus beau !
9. Donnez-vous la peine d'entrer.
10. Bonsoir, vous avez trouvé facilement ?
11. Vous avez rendez-vous ?
12. Nous sommes heureux d'accueillir aujourd'hui Madame Caron.
13. Bienvenue à tous.
14. Mademoiselle Vernet, je suis chargé de vous accueillir.
15. Soyez le bienvenu, Monsieur Gonzales.

... *Qui est la personne qui arrive ? Où arrive-t-elle ? Son arrivée est-elle attendue ?*

... *Classez les énoncés selon le degré d'enthousiasme que vous ressentez.*

Observez les personnages et leur comportement et donnez votre interprétation de la situation.

ACCUEILLIR

• *Donnez une identité aux personnages et explicitez la situation.*

• *Les deux « visiteurs » prennent congé. Imaginez ce qu'ils peuvent dire.*

PRENDRE CONGE

> Au revoir, je dois partir.
> Salut, à bientôt !

1. Il faut que je me sauve.
2. Salut, je file.
3. Minuit ! il faut que j'y aille si je veux avoir mon train.
4. Je vous prie de m'excuser mais j'ai un déjeuner d'affaires.
5. A bientôt, on se fait signe.
6. Bon ben, je m'en vais.
7. A un de ces jours, je t'appelle.
8. Au revoir, Monsieur, j'ai été ravi de vous connaître.
9. Oh dis donc ! je ne me suis pas rendu compte de l'heure, j'ai rendez-vous à 5 heures.
10. Nous espérons avoir le plaisir de vous rencontrer à nouveau.
11. Allez, on vous laisse.
12. Je suis obligée d'y aller.
13. Au revoir, chère Madame, nous avons passé une très bonne soirée.
14. N'oublie pas de saluer ta femme pour moi !
15. Excuse-moi, mais il faut que je te quitte.
16. Embrasse bien les enfants !

... Dans quels cas le locuteur indique-t-il qu'il est pressé de partir ? Et quand suggère-t-il une rencontre ultérieure ?

43

Imaginez ce que disent les hôtes après le départ des invités.

PRENDRE CONGÉ

Faites réagir les policiers.

… Vous laissez un message à un ami que vous n'avez pu revoir avant de partir. Ecrivez le billet en vous aidant de votre liste d'énoncés (page ci-contre).

Ah ! salut Grégoire, je suis content de te voir, justement je voulais te parler, comment vas-tu et les enfants ça va ? Ecoute, j'ai plein de choses à te dire, il faut absolument qu'on discute, oh ! la là ! mais il faut que j'y aille, je file, j'ai un rendez-vous, tu m'appelles quand tu auras un peu plus de temps, d'accord ? Salut, au revoir.

… Nos programmes touchent à leur fin. Merci d'être restés avec nous. Je vous retrouve demain à partir de 14 h, sur notre chaîne bien sûr ! Excellente nuit et faites de très beaux rêves…

LES MOTS EN SITUATION

Entrer en contact

En tenant compte des pronoms utilisés, du lexique, de ce que vous percevez de la situation, déterminez si les relations entre les interlocuteurs sont amicales, formelles ou ne peuvent être précisées.

	1	2	3	4	5	6	7	8	9	10	11	12	13	14	15	16
Amicales	x															
Formelles																
Non précisées																

GALERIE DE PORTRAITS

Prenez les personnages suivants de votre galerie de portraits :
Juliette : carte n° 24
Le cambrioleur : carte n° 25
L'employé du gaz : carte n° 26
L'homme invisible : carte n° 27
La Parisienne : carte n° 29
Le cow-boy : carte n° 28

Mettez-vous par deux et tirez chacun des personnages au hasard. Imaginez une situation où vos personnages ont à réaliser les actes de paroles suivants :

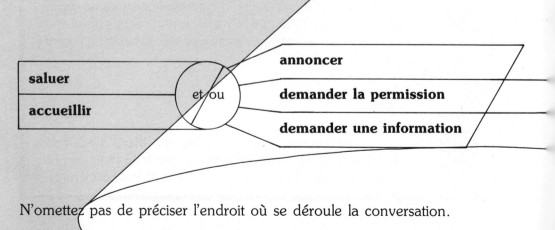

saluer
accueillir
et/ou
annoncer
demander la permission
demander une information

N'omettez pas de préciser l'endroit où se déroule la conversation.

SCĒNE 5

IRRUPTION

• Choisissez ou tirez au sort un personnage de votre galerie de portraits et imaginez son entrée en scène sur le dessin 42.

Exemple : Vous avez tiré le cambrioleur.
— *Bonsoir, excusez-moi, c'est bien ici chez Monsieur Lavaud ?*
— *Ah, non ! vous vous trompez, c'est la maison d'à côté.*

• Tirez au sort un autre personnage-intrus. Le maître de maison le présente à Véronique. Faites les présentations (dessin 37).

ET VOUS-MÊME ?

• Comment accueillez-vous :
— un ami que vous attendiez ?
— un ami qui arrive à l'improviste ?
— quelqu'un qui vient pour des raisons professionnelles (facteur, employé du gaz, pompier, etc.) ?

• Comment réagissez-vous ?

Situation 1   Un inconnu sonne à votre porte. Vous ouvrez ? Vous demandez qui il est ?...

Situation 2   Vous devez présenter quelqu'un dont vous avez oublié le nom. Que faites-vous ?

Situation 3   Vous croisez dans la rue une personne que vous connaissez mais qui visiblement ne vous reconnaît pas. Comment vous faites-vous reconnaître ?

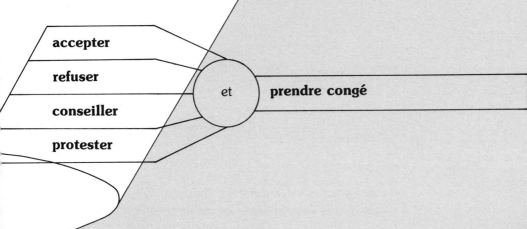

accepter

refuser

conseiller

protester

et

prendre congé

Imaginez que l'homme au chapeau reste
et que la femme fasse les présentations.

SCĒNE 5

Trouvez d'autres formules de congé ironiques
que dit l'homme à cheval.

ÉCOUTE...EUH! J'AI PLEIN DE CHOSES À TE...TE DIRE... IL FAUT ABSOLUMENT QU'ON EN DISCUTE.

OH LALÀ! IL FAUT QUE ...QUE J'Y AILLE!

?!...!

JE...JE FI...FILE! J'AI UN R...RENDEZ-VOUS! TU M'E...M'EXCUSERAS, J'Y...J'Y...VAIS!

FRAPAR.

LE VISITEUR DU SOIR

— *Bonjour.*

— *Bonjour. Enfin, bonsoir.*

— *Bonsoir, oui, il est tard. Je me présente : je suis Louis Carné, votre nouveau voisin. Vous êtes bien monsieur Cuny ?*

— *Non, Luny. André Luny. Enchanté.*

— *Content de vous connaître.*

— *Moi aussi, soyez le bienvenu. Je rentre de vacances. Vous êtes là depuis quand ?*

— *Deux semaines. Et je n'ai toujours pas trouvé le compteur électrique.*

CONVERSATION 2

La scène se passe dans l'appartement de Madame Gautier.
On sonne à la porte. Madame Gautier ouvre.

MADAME GAUTIER
Ah, bonjour Monsieur. Entrez donc. C'est vous qui venez pour la réparation ?

LE FACTEUR
Bonjour, Madame. Non, moi, c'est le facteur, avec les calendriers*.

MICHEL
Bon ben, il faut que je me sauve. Je t'appelle un de ces jours.

MADAME GAUTIER
D'accord. Au revoir, Michel, à bientôt.
(Le téléphone sonne)
Allô ? Qui ça ? Ah non, il y a erreur. C'est Madame Gautier ici. Non, Gautier. Je vous
en prie. (elle raccroche)

LE FACTEUR
Lequel vous plaît ? Les petits chats ? La Tour Eiffel ? Le rugby ?
(Le téléphone sonne)

MADAME GAUTIER
Allô. Madame Gautier à l'appareil. Oui, elle-même. Ah, c'est le plombier ? Oui, bonjour. Ah bon ? Cet après-midi ? Entendu. Oui, à cet après-midi. Au revoir. (elle raccroche)
Ils sont mignons, je prends celui-ci. Voilà.

LE FACTEUR
Merci beaucoup. Et joyeuses fêtes, Madame Gautier.

MADAME GAUTIER
Au revoir, facteur. Vous de même.
(Le téléphone sonne)

* Au mois de décembre, en France, les facteurs viennent à domicile vendre les calendriers des PTT pour
l'année suivante.

Jouez le rôle des deux personnages qui ont appelé au téléphone, en imaginant leur
dialogue avec Mme Gautier.

Imaginez l'identité du troisième personnage qui appelle.

PRENDRE RENDEZ-VOUS

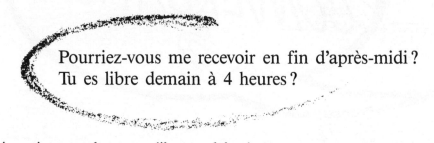

Pourriez-vous me recevoir en fin d'après-midi ?
Tu es libre demain à 4 heures ?

1. J'aimerais avoir un rendez-vous, s'il vous plaît, c'est assez urgent.
2. Alors, quand est-ce qu'on se voit ?
3. On se retrouve où ?
4. Il faudrait qu'on se voie, qu'est-ce qui t'arrange ?
5. J'aimerais vous rencontrer cette semaine.
6. Est-ce que tu peux être à la Coupole demain à 6 heures ?
7. Mademoiselle, mademoiselle, on peut se revoir ?
8. Pourrais-tu passer me prendre devant chez moi dans une demi-heure ?
9. Je peux venir demain à 3 heures ?
10. Rendez-vous à la Gare du Nord, quai numéro 5.
11. Bonjour, je téléphone pour un rendez-vous.

... Cherchez dans quels cas le lieu et le moment du rendez-vous sont précisés. Imaginez le but des rendez-vous.

45

• *Qui est le personnage qui demande un rendez-vous ? Pourquoi, à votre avis ?*

• *Le directeur refuse le rendez-vous demandé. L'employé insiste. Vous jouez la scène.*

PRENDRE RENDEZ-VOUS

Rédigez la petite annonce que le jeune homme fait passer deux jours plus tard dans un journal pour retrouver la femme.

46

CLIP

Docteur GALLI
généraliste
reçoit sur R.V.
lundi, mardi, jeudi
tél. 42-40-77-21

Charles,
Nous sommes passés deux fois sans
te trouver. On se retrouve à 19h45
devant le cinéma, d'accord ? Sinon,
téléphone chez Gisèle. On y sera
jusqu'à 18 heures.

Corinne (et Jacquot)

INVITER

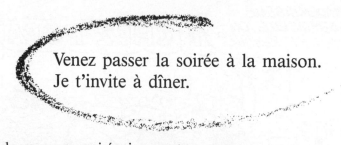

Venez passer la soirée à la maison.
Je t'invite à dîner.

1. Nous donnons une soirée, je compte sur vous.
2. Pourquoi ne viendriez-vous pas tous à la maison ?
3. Il faut absolument que vous veniez en Hongrie, je serais heureuse de vous héberger.
4. J'aimerais bien que vous veniez voir ma collection de cartes postales.
5. Tu viens à ma boum ?
6. Carine, viens dormir chez moi ce soir, maman est d'accord.
7. Tu veux faire du ski avec nous ? On part dimanche.
8. Allez, je t'offre un café.
9. Tu es libre ce soir ?
10. Qu'est-ce que vous faites demain ?
11. Ça te dit de passer le week-end chez moi à la campagne ?
12. Nous donnons une réception pour le mariage de notre fille, j'espère que vous serez des nôtres.

... Répondez aux invitations. Acceptez si elles vous conviennent. Si vous refusez, donnez vos raisons.

INVITER

Imaginez le menu.

Speech bubble: JE T'INVITE À DÎNER CE SOIR À SEPT HEURES !

Invitation card: Mme Joinville et Mme Le Pont vous recevront dans les salons Gabriel Fauré le 12 avril à partir de 19 h. R.S.V.P.

48

CLIP

— Tiens, il y a une lettre pour toi.
— Galerie... qu'est-ce que c'est que ça ? (Il lit) « Vous êtes cordialement invités à l'inauguration de notre nouvelle galerie, 14 rue Mazarine ». Ah ! c'est Jean-Michel ! « Invitation pour deux personnes ». Tu veux venir ? C'est le 12, à 18 heures.
— Le 12, c'était hier.

DÉCOMMANDER

MAKING A CANCELLATION - ANNULLARE - ABSAGEN - ANULAR/CANCELAR

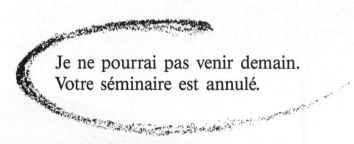

Je ne pourrai pas venir demain.
Votre séminaire est annulé.

1. Ça ne marche pas pour demain soir, j'ai un empêchement.
2. Allô, Air France ? Pouvez-vous annuler mon option sur le vol Paris-Bucarest ?
3. Je suis désolé, l'électricien doit passer dans l'après-midi, alors il faut remettre notre rendez-vous à plus tard.
4. Je vous avais commandé 500 petits fours mais je suis obligée d'annuler la réception.
5. Je vous appelle pour décommander le rendez-vous de demain, j'ai la grippe.
6. Je ne vais pas pouvoir venir au concert avec toi, c'est dommage.
7. Désolé pour ce soir, je suis retenu.
8. Tu sais, pour vendredi, ça tombe à l'eau.
9. Il m'est impossible de vous rencontrer demain comme prévu, j'ai un contretemps.
10. Malheureusement, je ne puis accepter votre invitation ; un empêchement de dernière heure...

49

Qui est le personnage qui décommande le rendez-vous ? Pourquoi, à votre avis ?

DÉCOMMANDER

MAKING A CANCELLATION - ANNULLARE - ABSAGEN - ANULAR/CANCELAR

...QU'EST-CE QUE TU LUI AS ÉCRIT ?

CHÈRE MADAME, PAR SUITE DE CIRCONSTANCES INDÉPENDANTES DE MA VOLONTÉ ET SUR LESQUELLES JE DOIS GARDER LA PLUS EXTRÊME DISCRÉTION, JE ME VOIS DANS LA TRISTE OBLIGATION DE VOUS ANNONCER QUE JE NE PUIS ACCEPTER VOTRE EXQUISE INVITATION. FIDÈLEMENT VÔTRE,...

...LE BARON DU TOQUET DE LA TOUR...

FRAPAR.

50

Impossible venir ce week-end. Lettre suit
TONTON

— Allô ? Le docteur Lamblin...
— (Répondeur automatique) Ici le cabinet du Docteur Lamblin. Le docteur est absent jusqu'à 14 heures. Vous pouvez rappeler après 14 heures ou laisser un message après le top sonore.
— Ici, Madame Roblès. C'est pour annuler le rendez-vous que j'avais pris pour ce soir à 17 heures. Je rappellerai pour un autre rendez-vous dans la semaine. Au revoir.

INSISTER

INSISTING - INSISTERE - INSISTIEREN - INSISTIR

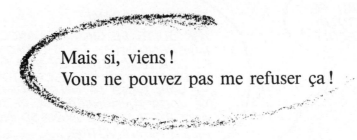

Mais si, viens !
Vous ne pouvez pas me refuser ça !

1. Allez, dis-le nous !
2. Permettez-moi d'insister.
3. Mais mange donc !
4. Allons, faites-moi plaisir, reprenez un peu de poulet.
5. Si, si, j'insiste, on ne peut pas faire ça sans vous !
6. Vous n'allez pas refuser mon invitation, quand même !
7. Je vous l'ai déjà dit, c'est tout de suite que je veux lui parler.
8. Ecoute, je t'assure qu'il faut y aller.
9. Allez, c'est toujours non ?
10. Mais puisque je te dis que tu ne risques rien !
11. Oui, je comprends bien votre point de vue, mais moi il faut absolument que je prenne l'avion aujourd'hui.

... *Que veut obtenir la personne qui insiste, à votre avis ?*

... *Quels sont les mots ou les expressions qui marquent l'insistance ?*

...MMH M..... MERCI !

ALLONS, FAITES-MOI PLAISIR, REPRENEZ UN PEU DE POULET !

51

FRAPAR

• *Imaginez le menu.*
• *En vous aidant des éléments du dessin, imaginez l'identité des personnages et leurs relations.*

INSISTER

La femme répond, continuez le dialogue.

52

— On fait encore une partie, d'accord ?
— Non, moi j'arrête.
— Ecoute, on a le temps, il n'est pas tard.
— Non, moi ça va pour aujourd'hui.
— Allez, juste une. Après on rentre.
 Sois gentil un petit effort.
 La dernière.
— Non, demain.
— Demain, c'est demain. Allez, on commence.
 Je te laisse gagner.
— Tu me laisses gagner ? Sûr ?
— Je vais essayer...

S'EXCUSER

APOLOGIZING - SCURSARSI - SICH ENTSCHULDIGEN - DISCULPARSE

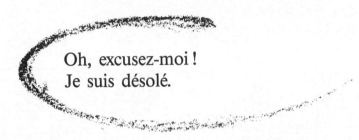

Oh, excusez-moi !
Je suis désolé.

1. Oh pardon ! je ne t'avais pas vu !
2. C'est de ma faute, je n'aurais jamais dû lui dire de venir.
3. Oh, je suis vraiment ennuyé mais je ne peux pas faire autrement !
4. Je n'ai rien pu faire pour l'en empêcher.
5. Je vous prie de m'excuser, je n'ai pas pu arriver plus tôt.
6. Pardon, je vous dérange ?
7. Je ne l'ai pas fait exprès, il m'a glissé des mains...
8. Ce n'est pas de ma faute, c'est lui qui m'a entraîné !
9. Je ne comprends pas ce qui m'arrive...
10. Tu sais, en ce moment, il ne faut pas m'en vouloir, j'ai la tête ailleurs.
11. C'est idiot, j'ai complètement oublié de te prévenir !
12. Je vous présente toutes mes excuses.
13. Je vous demande pardon, je me suis trompé de numéro.

... Dans quels cas savez-vous ou devinez-vous pourquoi la personne s'excuse ?

53 • *En vous aidant des éléments du dessin, imaginez l'identité des personnages et leurs relations.*

• *Au lieu de rentrer l'homme se décommande par téléphone.*

S'EXCUSER

Les deux serveurs s'expliquent après l'incident.

54

Madame la surveillante

Je vous prie de bien vouloir excuser le retard de ma fille Valérie, classe de 4e hier matin. Je dois tout simplement vous avouer que le réveil n'a pas sonné.

Veuillez recevoir, Madame la surveillante, l'expression de mes meilleurs sentiments

LA DIRECTION DE LA GARE S'EXCUSE AUPRÈS DES VOYAGEURS DES TRAVAUX QUI DURERONT DU 14-8 AU 21-8

NOUS NOUS EXCUSONS AUPRÈS DE NOTRE AIMABLE CLIENTÈLE DE LA FERMETURE TEMPORAIRE DU MAGASIN

RÉOUVERTURE LE 12 HARS

LES MOTS EN SITUATION

Prendre rendez-vous

Chacun d'entre vous propose par écrit un rendez-vous à un autre étudiant. Celui-ci **accepte** ou **refuse**, par écrit.

Exemple : — Julien, j'aimerais te rencontrer cette semaine.
— Avec plaisir, quand tu veux.

Prendre rendez-vous / Décommander

Vous avez accepté les rendez-vous proposés sur la liste **prendre rendez-vous** mais vous devez ensuite vous **décommander** par suite d'un empêchement.

Exemple : Vous parlez à la secrétaire d'un médecin.
— J'aimerais un rendez-vous, s'il vous plaît, c'est assez urgent.
— Bon, venez à 15 heures, le docteur vous verra entre deux malades.
Un peu plus tard, la secrétaire rappelle :
— Ici, le cabinet du docteur Delpech, le docteur ne peut vous recevoir
qu'à 17 heures, il a été retardé ; est-ce possible pour vous ?

Insister

Imaginez le dialogue précédant les énoncés de la liste.

Décommander / Insister

Vous réagissez aux énoncés de la liste en n'acceptant pas l'annulation ; vous **insistez** pour maintenir le rendez-vous prévu ou vous **proposez** un autre rendez-vous.

Exemple :
— Votre séminaire est annulé.
— Mais c'est impossible, j'ai tout préparé, et que vont faire les étudiants ?

Inviter

Remplissez le tableau, ci-dessous, en indiquant, si vous le pouvez, le lieu, l'objet et le moment de l'invitation ainsi que les relations entre les personnes.

	LIEU	OBJET	MOMENT	RELATIONS
1	maison	une soirée	non précisé	formelles
2				
3				
4				
5				
6				
7				
8				
9				
10				
11				
12				

SCĒNE 6

GALERIE DE PORTRAITS

Le clochard : carte n° 30
L'exploratrice et l'explorateur : cartes n° 31 et 32
La comtesse : carte n° 33
Le chien du clochard : carte n° 34
Henri, le petit garçon : carte n° 35

IRRUPTION

• Tirez au sort ou choisissez un des personnages de la galerie des portraits. Imaginez le dialogue, après son entrée en scène dans les dessins 45, 51 ou 52.
Exemple :
Vous avez tiré le chien qui arrive dans le salon du dessin 51 ; la maîtresse de maison **s'excuse :**
— Oh ! je suis désolée, le chien est sorti de la chambre ; j'espère que vous aimez les bêtes.

• Tirez au sort deux ou plusieurs personnages et imaginez qu'ils aient à réaliser les actes de parole suivants, *par téléphone :*

inviter	prendre rendez-vous
décommander	s'excuser
refuser	insister

Exemple :
Dans le dessin 51, le chien arrive dans le salon, et la maîtresse de maison **s'excuse.**

ENTR'ACTES

Imaginez des situations qui vous permettent d'utiliser les actes de parole dans l'ordre suivant :

inviter → **refuser** → **insister** → **accepter**
inviter → **accepter** → **prendre rendez-vous**
annoncer → **protester/reprocher** → **s'excuser**
demander de faire → **refuser** → **insister**

ET VOUS-MÊME ?

Savez-vous insister…
— quand, à la poste, l'employé refuse de vous délivrer une lettre recommandée parce que l'adresse ne correspond pas à celle indiquée sur votre carte d'identité ?
— quand un commerçant s'apprête à fermer et refuse de vous servir ?
— quand, dans un magasin, on refuse de vous reprendre un vêtement que vous voulez échanger ?
— quand l'agence de voyages vous refuse le remboursement d'un vol charter ?

Savez-vous qui inviter ou comment vous faire inviter ?
— où aimeriez-vous être invité(e), et par qui ?
— avez-vous des « stratégies » pour vous faire inviter ?
— quel personnage célèbre aimeriez-vous inviter ?
— dans votre pays, à quelles occasions invite-t-on la famille ou les amis ?

Les enfants s'excusent et insistent.

SCĒNE 6

16e Semaine du 14 Avril au 20 Avril

15 Avril	Mercredi 16 Avril	Jeudi 17 Avril	Vendredi 18 Avril	Samedi 19 Avril	
Dominante	Dominante	Dominante	Dominante	Dominante	

Téléphoner
- dentiste
- agence
- Christine

Écrire : Répondre à Jean-Luc

Voir

Faire : Cordonnier, Pharmacie

Divers

Vendredi 18 Avril : cours, marché, déjeuner Christine, Réunion SFM 30, Poste

Matinée — Après-midi — Soirée

« Avec l'autorisation des Editions QUO VADIS pour l'utilisation de leur « Agenda Planning » (R) Brevets, Marques, Plans, Modèles, (c) Copyright (Reg. n° 20 681)

Voici une page de l'agenda de Corinne ; qu'a-t-elle à faire vendredi ?
Et vous, que devez-vous faire vendredi et samedi ?

106

CONVERSATION 2

Réactions en chaîne.
Complétez les dialogues.

18 h
MARIA appelle LAURENT.

MARIA
(1)...

LAURENT
Ah oui, bonjour.

MARIA
(2)...

LAURENT
Ce soir ? d'accord.

MARIA
(3)...

LAURENT
Chez toi, oui, à quelle heure ?

MARIA
(4)...

LAURENT
Entendu, à ce soir.

18 h 05
LAURENT appelle sa mère.

LAURENT
Allô, Maman, c'est moi.

LA MÈRE
(5)...

LAURENT
Ecoute, je voulais te dire pour ce soir...

LA MÈRE
(6)...

LAURENT
Ben voilà, je ne pourrai pas venir.

LA MÈRE
(7)...

LAURENT
Je sais bien maman, je peux vraiment pas.

LA MÈRE
(8)...

LAURENT
Je t'expliquerai plus tard.

LA MÈRE
(9)...

LAURENT
Non, rien de grave, une réunion de travail.

18 h 10
SIMONE la mère, appelle une amie.

SIMONE
Josiane c'est Simone.

L'AMIE
(10)...

SIMONE
Oui, très bien, et toi ?

L'AMIE
(11)...

SIMONE
Bon, alors finalement, c'est d'accord pour le cinéma.

L'AMIE
(12)...

SIMONE
Oui, oui, j'étais prise mais je me suis arrangée.

L'AMIE
(13)...

SIMONE
Non, non, je préfère sortir avec toi.

FORMULER UN PROJET

MAKING PLANS - FARE UN PROGETTO - ETWAS VORHABEN - PLANEAR (HACER ALGO)

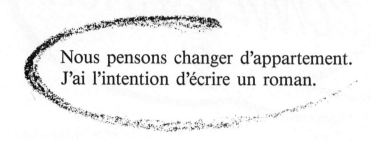

Nous pensons changer d'appartement.
J'ai l'intention d'écrire un roman.

1. J'envisage de partir à l'étranger
2. Il est possible qu'on revende la voiture.
3. Je passerai sans doute chez toi ce soir.
4. Je ne suis pas sûre de rester dans cette boîte.
5. Je vais chercher un autre boulot.
6. Je désire installer une bibliothèque dans l'entrée.
7. J'ai décidé de prendre des vacances au mois de mai.
8. Je n'ai pas l'intention de m'attarder dans cet endroit.
9. Il faut que j'essaie de le revoir.
10. Un jour, je m'arrêterai de travailler.
11. Nous songeons à avoir un enfant.
12. Je crois que je vais me mettre au russe.

... Regroupez par deux ou par trois les projets qui peuvent aller ensemble.

Quels projets la femme fait-elle, à son tour, intérieurement ?

55

108

FORMULER UN PROJET

MAKING PLANS - FARE UN PROGETTO - ETWAS VORHABEN - PLANEAR (HACER ALGO)

...JE N'AI PAS L'INTENTION DE M'ATTARDER DANS CET ENDROIT!

FRAPAR.

56 CLIP

— Voilà, ça doit marcher : dans deux ans, j'achète le restaurant, j'agrandis le bar, j'installe une terrasse. Si tout va bien, dans quatre ans, je revends. J'achète le magasin à côté et je prends...
— Jean-Pierre, l'omelette pour la table 7 et les deux steaks pour la 12. Les clients s'impatientent !
— Ça vient, ça vient. Il faut être patient dans la vie !

VOUS AVEZ 20 ANS?
VOUS VOULEZ ÉTUDIER L'INFORMATIQUE?
VOUS SONGEZ À UN MÉTIER D'AVENIR?
TÉLÉPHONEZ-NOUS!
INFO-CONSEIL 43-17-12-34

EXPRIMER UN SOUHAIT

> J'espère que tu réussiras.
> Pourvu qu'il gagne !

1. J'espère le rencontrer prochainement.
2. Tout ce que je souhaite, c'est que mon fils se marie.
3. Si ça pouvait marcher, je serais drôlement content.
4. Je voudrais que tu m'écrives plus souvent.
5. On voudrait tellement avoir un enfant.
6. J'ai envie de la revoir.
7. Ah ! si seulement il pouvait se taire !
8. Je voudrais bien ne plus entendre parler d'eux !
9. Si on pouvait rester encore deux jours !
10. Vivement que ça finisse !

... Imaginez pour quelles raisons
les personnes expriment
de tels souhaits.

... POURVO QU'IL GAGNE !

57
Les autres spectateurs expriment,
à leur tour, un souhait.

EXPRIMER UN SOUHAIT

PRESSING WISHES - ESPRIMERE UN AUGURIO/UN DESIDERIO - EINE WUNSCH AUSDRÜCKEN - EXPRESAR UN DESEO

En vous inspirant de la liste (page ci-contre), trouvez d'autres souhaits ironiques que peut faire le gardien de prison.

SOUHAITER A D'AUTRES

11. Je vous souhaite une bonne et heureuse année.
12. Bon anniversaire.
13. Bonne fête.
14. Meilleure santé.
15. Bonnes vacances.
16. Tous mes vœux de bonheur.
17. Bon courage.
18. Bonne chance.
19. Sois heureuse.
20. Bonne soirée.
21. Amusez-vous bien.
22. Bon appétit.
23. Bon voyage.
24. Bonne route.

Bonne Année

Chers amis.

Tous nos vœux de bonne année, et surtout de bonne santé, en espérant vous revoir aux prochaines vacances.

Catherine
et
Lucien.

... Imaginez des situations dans lesquelles ces énoncés peuvent prendre une valeur ironique.

PROMETTRE

MAKING A PROMISE - FARE UNA PROMESSA - ETWAS VERSPRECHEN - PROMETER

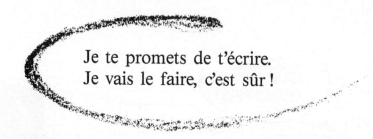

Je te promets de t'écrire.
Je vais le faire, c'est sûr !

1. Je m'engage à vous rendre votre argent la semaine prochaine.
2. Je serai à l'heure.
3. Je ne recommencerai pas.
4. Tu peux compter sur nous : on ira la chercher à l'aéroport.
5. Je te jure que je t'aimerai toujours.
6. Soyez sans crainte, le paquet sera expédié.
7. Je n'oublierai pas de lui téléphoner.
8. Je vous assure, Madame, que vous aurez vos billets demain.
9. Ne vous inquiétez pas, ce sera fait dans les 48 heures.
10. C'est promis.
11. Je te donne ma parole que je ferai la vaisselle.
12. Vous avez ma parole.

... Pouvez-vous dire ce que promet la personne et quand elle promet de le faire ?

Interprétez la situation. Que se passe-t-il et pourquoi ?

FRAPAR.

112

PROMETTRE

MAKING A PROMISE - FARE UNA PROMESSA - ETWAS VERSPRECHEN - PROMETER

60

EXPRIMER UNE OBLIGATION

EXPRESSING OBLIGATION - ESPRIMERE UN OBBLIGO - EINEN PFLICHT AUSDRÜCKEN - EXPRESAR UNA OBLIGACIÒN

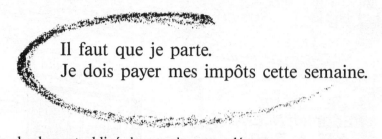

Il faut que je parte.
Je dois payer mes impôts cette semaine.

1. Je suis absolument obligé de retarder mon départ.
2. Il est indispensable qu'on le prévienne.
3. Je ne peux pas ne pas y aller.
4. Impossible de lui refuser ce service.
5. Je suis tenu de faire respecter la discipline, que voulez-vous !
6. Pas moyen de faire autrement.
7. J'ai à remplir ce dossier.
8. Je me trouve dans l'obligation d'accepter sa candidature.
9. Nous sommes forcés d'accepter.
10. Je ne vois pas comment je pourrais quitter la réunion avant la fin.
11. Le devoir m'appelle.
12. J'ai des courses à faire.

... Imaginez que ces énoncés accompagnent un refus ; de quel refus s'agit-il ?

• *Imaginez la conversation téléphonique entre l'homme et son patron.*
• *Imaginez ensuite la conversation entre l'homme et la femme.*

61

EXPRIMER UNE OBLIGATION

EXPRESSING OBLIGATION - ESPRIMERE UN OBBLIGO - EINEN PFLICHT AUSDRÜCKEN - EXPRESAR UNA OBLIGACIÒN

...BON, SALUT! LE DEVOIR M'APPELLE!

62

Quelques heures plus tôt dans la soirée, le père rappelle à son fils l'obligation de rentrer tôt et le fils promet de ne pas rentrer tard. Jouez la scène.

CLIP

Je suis dans l'obligation de vous punir, Mademoiselle, croyez bien que ce n'est pas pour mon plaisir, mais je dois vous faire comprendre qu'il y a des choses qui ne se font pas, vous avez dépassé les bornes et je dois prendre des sanctions à votre égard, il faut que vous compreniez qu'il y a des limites, on ne peut pas faire ce que l'on veut, vous ne devez pas imiter la signature de votre mère.

115

LES MOTS EN SITUATION

Formuler un projet

Déterminez sur quoi portent les différents projets de la liste :

PROJETS	1	2	3	4	5	6	7	8	9	10	11	12
vacances												
travail												
vie sociale												
voyage												
maison												
enfants												
études												
voiture												

Choisissez l'un des domaines évoqués et faites, à votre tour, des projets personnels dans ce domaine.

Exprimer un souhait / Promettre

Reliez le souhait exprimé et la promesse qui peut suivre :

(1) J'espère le rencontrer prochainement.

(2) Si ça pouvait marcher, je serais drôlement contente.

(3) Je voudrais bien que tu m'écrives plus souvent.

(4) J'ai envie de la revoir.

(5) Je voudrais bien ne plus entendre parler d'eux.

(6) Vivement que ça finisse !

(a) Je m'engage à vous rendre votre argent la semaine prochaine.

(b) Tu peux compter sur nous : on ira la chercher à l'aéroport.

(c) Je n'oublierai pas de lui téléphoner.

(d) Je vous assure, madame, que vous aurez vos billets demain.

(e) C'est promis.

(f) Vous avez ma parole.

SCÈNE 7

GALERIE DE PORTRAITS

Le caméraman : carte n° 36
Le présentateur : carte n° 37
Clément Leroy : carte n° 38
Le trappeur : carte n° 39
Le skieur : carte n° 40

IRRUPTION

• Faites surgir le caméraman sur les dessins 55 à 62. Maintenant, il s'agit d'extraits de films dont vous imaginez *le titre, le genre* et *le sujet*.

Exemple : dessin 59
Titre   : La secrétaire frappe toujours deux fois.
Genre : psychologique.
Sujet : Le drame de la communication dans les grandes entreprises.

• Le présentateur arrive pour interviewer :
  le trappeur à son retour.
  le skieur après la course.
  le gardien après l'évasion.
Imaginez les entretiens.

ENTR'ACTES

Imaginez des situations qui se déroulent de la manière suivante :

demander de faire ⎫
ou **se plaindre**   ⎭ → **promettre**
faire un projet   → **conseiller** ou **donner son opinion**
inviter ou **proposer** → **s'excuser** ou **exprimer une obligation**
annoncer   → **exprimer un souhait**
prendre congé   → **exprimer un souhait**

INDISCRÉTIONS
• Avez-vous en ce moment un ou des projets : lesquels ?
• Un magicien vous accorde une minute pour faire trois souhaits : lesquels faites-vous ?
• Quelle est la dernière promesse que vous avez faite à quelqu'un ?

Imaginez les paroles du personnage de gauche.

Imaginez les paroles des personnages.

119

CONVERSATION 1

LUDOVIC
Vous m'écrirez ?

ARIANE
Je vous le promets, je vous écrirai. Je monte. Le train va partir.

LUDOVIC
C'est sûr, vous m'écrirez ?

ARIANE
Je vous écrirai, je vous le promets.

LUDOVIC
Promis-juré ?

ARIANE
Promis-juré.

LE HAUT PARLEUR
Les voyageurs pour Marseille, en voiture.

ARIANE
Au revoir, Ludovic.

LUDOVIC
Au revoir, Ariane.

ARIANE
Ludovic ! Votre adresse ? Votre nom ?

LUDOVIC
Dupont ! Ludovic Dupont ! 147, boulevard... (Bruit de chute)

VOIX DE FEMME
Monsieur, vous vous êtes fait mal ? Monsieur...

LUDOVIC
Dupont, Ludovic Dupont, 147, boulevard... (Bruit de train)

L'avenir d'un écrivain d'avenir

Voici les questions que le journaliste a prévu de poser au jeune Clément Leroy qui a publié son premier roman à l'âge de 8 ans.

QUESTIONS À CLÉMENT LEROY, 12 MARS
1. ÂGE, FAMILLE, ÉCOLE
2. QUAND A-T-IL COMMENCÉ À ÉCRIRE ET POURQUOI?
3. QUE LIT-IL — SES PRÉFÉRENCES — SES GOÛTS, TÉLÉ, MUSIQUE ETC.
4. QUELLES ÉTUDES VEUT-IL FAIRE?
5. PROJETS LITTÉRAIRES — AUTRES ROMANS?
6. PROJETS DE VOYAGES / VACANCES

A partir de ce projet d'interview, rédigez l'interview (questions et réponses) telle qu'elle a paru dans un magazine pour jeunes.

A MOI DE PARLER

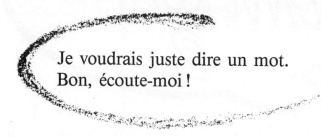

Je voudrais juste dire un mot.
Bon, écoute-moi !

1. Désolé de vous interrompre, mais…
2. Attends, attends, je continue.
3. Si je puis me permettre…
4. Écoute, il faut que je te dise quelque chose.
5. Ah oui, tiens justement, ça me rappelle un truc…
6. Bon d'accord, mais il faudrait préciser.
7. J'ai une question à poser.
8. Dis donc, je voulais te demander une chose…
9. Permettez, je finis ma phrase…
10. Je peux continuer ?
11. Je serai bref.
12. Laissez-moi terminer, messieurs !
13. Je pourrais en placer une ?
14. Vous, les adultes, vous ne nous laissez jamais parler !

… Vous ne laissez pas parler la personne qui le demande. Servez-vous au besoin, pour l'interrompre de l'un des énoncés de la liste.

63

A MOI DE PARLER

MY TURN TO TALK - TOCCA A ME PARLARE - ICH SPRECHE JETZT - ME TOCA A MI HABLAR

... *Cherchez dans la liste (page ci-contre) les énoncés qui servent : à couper la parole, à prendre la parole ou à refuser d'être interrompu.*

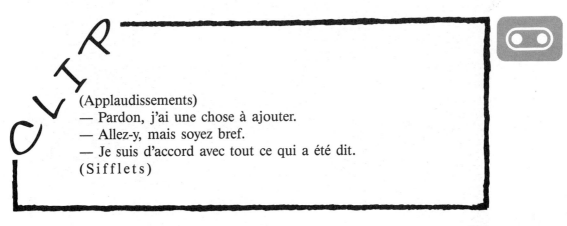

CLIP

(Applaudissements)
— Pardon, j'ai une chose à ajouter.
— Allez-y, mais soyez bref.
— Je suis d'accord avec tout ce qui a été dit.
(Sifflets)

A VOUS DE PARLER

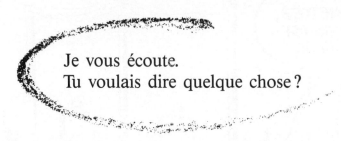

Je vous écoute.
Tu voulais dire quelque chose ?

1. Vas-y, ne sois pas timide.
2. Et toi, qu'en penses-tu ?
3. Vous n'êtes pas de mon avis ?
4. Et toi, tu ne dis rien ?
5. Dis ce que tu as à dire.
6. Robert ?
7. Pardon, je t'ai interrompu.
8. La parole est à Monsieur Berlinger.
9. Rien à ajouter ?
10. Et toi, ton avis ?
11. Allô, oui...
12. Y-a-t-il des questions ?
13. Qu'avez-vous à dire pour votre défense ?
14. Raconte-moi une histoire, papa.
15. Alors ?
16. Allez, raconte !
17. Qu'est-ce que tu voulais me dire ?
18. Alors, qu'est-ce que tu as fait après ?
19. C'est à toi.

... *Distinguez les énoncés qui indiquent des relations formelles de ceux qui indiquent une relation plus personnelle.*

65

A VOUS DE PARLER

— La parole est à M. Laborde
— Il n'est pas là.
— Alors, Mme Favard ?
— Moi, je n'ai rien à dire.
— Mlle Lamblin ?
— Moi non plus.
— M. Dumas, peut-être ?
— Pff, non. Qu'en pense Mlle Roulet ?
— Et vous ?

FAIRE PRÉCISER

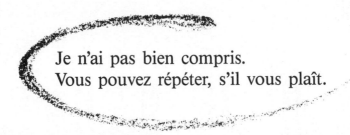

Je n'ai pas bien compris.
Vous pouvez répéter, s'il vous plaît.

1. Qu'est-ce que tu viens de dire ?
2. Qu'est-ce que vous voulez dire ?
3. Je ne comprends pas ce que tu dis là.
4. Je suis étranger, pouvez-vous parler moins vite ?
5. Pardon, comment ?
6. Tu disais ?
7. Excusez-moi, je ne faisais pas attention.
8. C'est-à-dire ?
9. Pourriez-vous parler un peu plus fort ?
10. Je ne vois pas du tout où tu veux en venir.
11. Je ne comprends rien à ce que tu dis, articule un peu.
12. Mais qu'est-ce que tu racontes ?
13. Je n'y comprends rien.

… La mauvaise réception du message est-elle due à celui qui écoute ou à celui qui parle ? Lorsqu'il est possible de le déterminer, classez les énoncés dans l'une ou l'autre catégorie.

67

FAIRE RÉPÉTER

68

... Un des élèves raconte à la classe une histoire qui lui est arrivée. Il est inter-rompu par les autres membres du groupe qui lui demandent de répéter ou de refor-muler ce qu'il vient de dire. Trouvez dans la liste d'énoncés (page ci-contre), ce qu'ils peuvent lui dire.

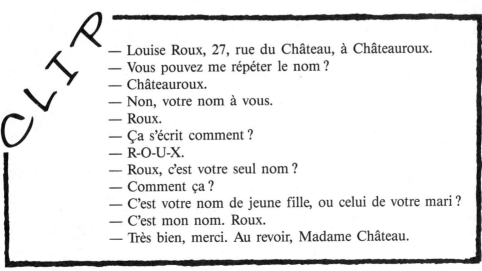

— Louise Roux, 27, rue du Château, à Châteauroux.
— Vous pouvez me répéter le nom ?
— Châteauroux.
— Non, votre nom à vous.
— Roux.
— Ça s'écrit comment ?
— R-O-U-X.
— Roux, c'est votre seul nom ?
— Comment ça ?
— C'est votre nom de jeune fille, ou celui de votre mari ?
— C'est mon nom. Roux.
— Très bien, merci. Au revoir, Madame Château.

AMORCER UNE HISTOIRE

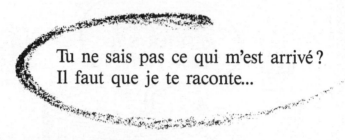

Tu ne sais pas ce qui m'est arrivé?
Il faut que je te raconte...

1. Si vous saviez ce que j'ai entendu.
2. Ça me fait penser à une histoire.
3. Je ne t'ai pas raconté...
4. Ah oui, je me souviens, voilà...
5. Voilà ce qui s'est passé.
6. J'ai quelque chose à vous raconter, écoutez ça...
7. Rappelle-toi, c'était en 64.
8. Je ne me souviens pas très bien, mais je crois que cela a commencé comme ça.
9. Vous connaissez la dernière?
10. Voilà, ça se passe dans un train...

... Quels sont les énoncés qui servent à amorcer une histoire drôle et ceux qui servent à raconter un évènement ou un souvenir?

69

AMORCER UNE HISTOIRE

70

... A partir de l'une des amorces proposées par votre liste d'énoncés (page ci-contre), improvisez une histoire vraie ou inventée. Lorsque vous vous interrompez par manque d'imagination, le groupe doit vous inciter à continuer.

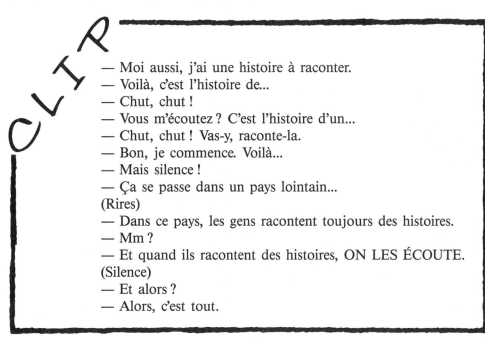

— Moi aussi, j'ai une histoire à raconter.
— Voilà, c'est l'histoire de...
— Chut, chut !
— Vous m'écoutez ? C'est l'histoire d'un...
— Chut, chut ! Vas-y, raconte-la.
— Bon, je commence. Voilà...
— Mais silence !
— Ça se passe dans un pays lointain...
(Rires)
— Dans ce pays, les gens racontent toujours des histoires.
— Mm ?
— Et quand ils racontent des histoires, ON LES ÉCOUTE.
(Silence)
— Et alors ?
— Alors, c'est tout.

LES MOTS EN SITUATION

• **A vous de parler**

Dans quelles circonstances peut-on entendre les énoncés de la liste :

ÉNONCÉS	1	2	3	4	5	6	7	8	9	10	11	12	13	14	15	16	17	18	19
dans un débat																			
dans une conférence																			
dans une conversation																			
dans un cours																			
dans un magasin																			
au téléphone																			
au tribunal																			

• **Amorcez une histoire**

Choisissez la meilleure formule pour amorcer une histoire, selon les circonstances :
   — on vous demande de raconter une histoire
   — vous rencontrez un ami que vous n'avez pas vu depuis un mois
   — vous venez d'assister à une scène étrange
   — vous voulez raconter quelque chose que vous venez d'entendre

GALERIE DE PORTRAITS

• Regardez les personnages qui constituent votre galerie de portraits. Inventez pour chacun d'eux une histoire qui leur est arrivée.
Le footballeur : carte n° 41
Le président du tribunal : carte n° 42
Le prêtre : carte n° 43
Le ministre : carte n° 44
L'accusé : carte n° 45

• Vous êtes journaliste et vous interviewez l'un des personnages. Vous aurez au préalable préparé un questionnaire adapté à l'identité de la personne interviewée.

ENTR'ACTES

• Vous allez intervenir dans différents types de conversation. Pour ce faire, reportez-vous aux clips des modules suivants :
   — module 1 **demander de faire** p. 21
   — module 2 **annoncer** p. 33

SCÈNE 8

• Jouez le dialogue ou lisez-le avec expressivité. Quelqu'un du groupe intervient une ou plusieurs fois pour :
— faire répéter
— demander des précisions
— vous faire taire.
Vous adaptez le dialogue à ces interventions.

Exemple :
Module 1 **Demander de faire**   *p. 21*
— Du pain, prends-moi une baguette et puis des carottes, un kilo, des courgettes, du poivre, le journal…
— <u>*Quel journal ?*</u>***
— <u>*Tu sais bien, comme d'habitude, alors*</u>*, mon vernis à ongles, des couches pour le petit, des balles de ping-pong.*
— <u>*Pas si vite, je note.*</u>
— Des balles de ping-pong, tu y es ? Passe à l'agence pour voir si les billets sont prêts. Je crois que c'est tout. Mais ne rentre pas trop tard ; ta mère n'aime pas que tu tardes.

* Les énoncés soulignés indiquent ce qui a été ajouté au clip d'origine.

ET VOUS-MÊME ?

• Comment engagez-vous la conversation…
— quand vous rencontrez un voisin qui vous a reproché la veille de faire du bruit ;
— quand, dans une soirée, vous essayez de faire la connaissance de quelqu'un qui vous paraît sympathique ;
— quand, dans l'autobus, vous rencontrez l'un de vos professeurs ?

• Savez-vous interrompre quelqu'un qui parle ?
Situation 1
Vous êtes au téléphone, la communication est longue et vous sentez que les pommes de terre commencent à brûler.
Situation 2
Vous êtes à la gare, votre train va partir et vous ne savez pas où est le quai. Vous demandez le renseignement à des employés qui sont engagés dans une grande conversation.
Situation 3
Vous êtes invité, la conversation est très animée. Vous voulez savoir où sont les toilettes…

Pourquoi cette réaction est-elle tellement inattendue
Connaissez-vous d'autres situations où il est « anormal » d'intervenir ?

SCĒNE 8

La femme raconte sa promenade en forêt.
L'homme aussi…

RADIOSCOPIE

• Vous avez rencontré dans ce manuel une grande diversité de personnages et de lieux.
Qu'est-ce qui vous a frappé ? L'image de la femme, le caractère des personnages, le décor, les relations des personnages entre eux ?

• En parcourant les dessins, essayez de retrouver quelques thèmes dominants. Interrogez-vous, par exemple, sur le rôle de la femme : est-elle davantage mère, épouse, amie ? A-t-elle un rôle professionnel et lequel ?

• Les auteurs ne sont pas sûrs de contribuer à diffuser une image « moderne et positive » de la femme... ni de l'homme. Qu'en pensez-vous ?

HISTOIRES DE TÉLÉPHONE

Les étudiants, jouant à se téléphoner, seront toujours dos à dos.

1. Savez-vous noter un nom ?

GERVAISE SERVICE
17 av Paris 94300 Vincennes - - - *(1)43 28 75 20
GERVAISEAU Pierre 3 r Chapon 3ᵉ - - (1)42 77 11 82
» Pierre 3 r Chapon 3ᵉ - - - - - - (1)42 77 13 18
GERVAISEAUX Raoul
4 r Cavallotti 18ᵉ - - - - - - - (1)43 87 78 88
GERVAL Georgette 34 bd Ney 18ᵉ (1)42 03 32 15
» Jacques médecin
179 r Courcelles 17ᵉ - - - - (1)43 80 61 58
» Jean-Louis 48 bd Ney 18ᵉ - - (1)42 00 75 91
» Philippe 8 Cité Dupetit Thouars 3ᵉ (1)42 74 65 86
» Tony 17 r Javelot 13ᵉ - - - - (1)45 83 93 99
GERVASI Enrico 21 r Monge 5ᵉ - - (1)43 54 65 62
» Luis 35 r Lyon 12ᵉ - - - - - - (1)46 28 40 12
GERVASON Joanny
2 r Augereau 7ᵉ - - - - - - - (1)45 56 13 56
GERVASONI Catherine
1 r Portes Blanches 18ᵉ - - (1)42 23 04 98
» Frédérique 44 r Clignancourt 18ᵉ (1)42 58 80 97
» Pierre 74 r Assas 6ᵉ - - - - - (1)42 22 47 55
GERVASSI Ana 10 r Thibaud 14ᵉ - - (1)45 40 81 96
GERVAT Fernand
70 bd Montparnasse 6ᵉ - - - (1)43 35 44 92
» Georgette 17 imp Orteaux 20ᵉ (1)43 56 14 95
» Lucienne
153 r fbg St Antoine 12ᵉ - - (1)43 45 31 70
» Maurice 73 av Italie 13ᵉ - - - (1)45 87 08 58
GERVAUD Daniel
27 r François Bonvin 15ᵉ - - (1)47 34 75 62
GERVEIX Alain 15 r Orsel 18ᵉ - - - (1)42 58 64 16
» Rémy 27 r Damrèmont 18ᵉ - - (1)42 52 24 93
GERVELA Antoine 7 r Ernestine 18ᵉ (1)42 64 71 34
GERVEREAU Caroline 3 r Lille 7ᵉ - (1)42 60 76 55
» Olivier 3 r Dancourt 18ᵉ - - - (1)42 23 06 12
GERVET Bernard
38 av Ledru Rollin 12ᵉ - - - (1)43 43 60 45
» Michel 4 r Tour 16ᵉ - - - - - (1)45 20 75 16
» Philippe 4 r Tour 16ᵉ - - - - (1)45 04 27 35
GERVEX François 159 r Blomet 15ᵉ (1)45 31 88 77
GERVIAC (Ste) 6 r Lincoln 8ᵉ - - - (1)42 25 15 02
GERVIER Arlette 27 r Boulets 11ᵉ (1)43 73 61 14
» Isabelle 36 r Bichat 10ᵉ - - - (1)42 40 89 60
GERVILLE-RÉACHE Jacques
1 sq Tolstoï 16ᵉ - - - - - - (1)45 20 43 17
» René 4 r Collette 17ᵉ - - - - (1)42 28 02 96
» Thierry
141 r Raymond Losserand 14ᵉ - (1)45 43 27 14
GERVIN Christian 49 r Babylone 7ᵉ (1)47 05 70 47
GERVINET Frédéric
84 r Belleville 20ᵉ - - - - - (1)46 36 96 74
GERVIS Daniel 50 r Université 7ᵉ - (1)45 44 17 72
» Timothée
61 r N-D des Champs 6ᵉ - - (1)43 25 84 66
GERVOIS Henri 17 r Maubeuge 9ᵉ (1)42 82 07 26
» Maryvonne 71 av Wagram 17ᵉ (1)42 67 53 63
GERVOISE Hélène 12 r Voltaire 11ᵉ (1)43 71 42 61
» Jacqueline 7 r Nicolas Roret 13ᵉ (1)43 37 77 65

PROT Alain 128 r Brancion 15ᵉ - - (1)48 28 07 79
» Albert 55 r Fécamp 12ᵉ - - - (1)43 44 54 52
» André 164 r Courcelles 17ᵉ - - (1)47 63 31 49
» Annick 2 r Vulpian 13ᵉ - - - (1)45 35 47 01
» Baudoin 30 r Vaneau 7ᵉ - - - (1)47 05 86 02
» Bernard 36 r Doudeauville 18ᵉ (1)42 54 37 59
» Bernard 143 r Oberkampf 11ᵉ (1)43 57 76 98
» Catherine 4 imp Astrolabe 15ᵉ (1)47 34 10 23
» Christian 52 quai Marne 19ᵉ - (1)42 03 18 31
» Daniel 164 r Courcelles 17ᵉ - (1)42 27 86 08
» Daniel
4 sq Nouveau Belleville 20ᵉ - - (1)43 66 09 95
» Daniel 6 r Pâtures 16ᵉ - - - (1)42 88 11 81
» Daniel 62 bd Reuilly 12ᵉ - - - (1)43 47 11 27
» Daniel radiologie
213 bd St Germain 7ᵉ - - - - (1)42 22 32 84
» Dominique 33 r Bellefond 9ᵉ - (1)42 80 35 76
» Dominique 36 av Italie 13ᵉ - - (1)45 89 55 10
» Elisabeth 1 r Capit Marchal 20ᵉ (1)43 63 95 40
» Emmanuel 164 r Courcelles 17ᵉ (1)42 67 62 75
» Emmanuel
53 av La Bourdonnais 7ᵉ - - (1)45 55 78 07
» Emmanuel 26 r Printemps 17ᵉ (1)47 66 72 10
» Fernand 2 villa Ségur 7ᵉ - - - (1)42 73 04 66
» Francine 54 cours Vincennes 12ᵉ (1)43 44 17 34
» Gabriel boulang patiss
200 r St Jacques 5ᵉ - - - - (1)43 54 26 37
» Gabrielle 23 r Vinaigriers 10ᵉ - (1)46 07 29 19
» Geneviève 13 r Erlanger 16ᵉ - (1)45 24 27 43
» Georges artiste peintre
25 r Amsterdam 8ᵉ - - - - (1)48 74 23 27
» Georges 164 r Courcelles 17ᵉ (1)46 22 11 96
» Georges 20 r Cristino Garcia 20ᵉ (1)43 72 59 11
» Georges 30 r Félicien David 16ᵉ (1)45 25 53 94
» Gilbert 33 r Peupliers 13ᵉ - - (1)45 80 63 33
» Guillaume 200 r Javel 15ᵉ - - (1)45 32 15 20
» Guillaume 23 av Victor Hugo 16ᵉ (1)45 00 83 97
» Jacqueline 164 r Courcelles 17ᵉ (1)42 27 71 39
» Jacqueline 164 r Courcelles 17ᵉ (1)42 67 20 62
» Jacqueline
57 r Etienne Marey 20ᵉ - - (1)43 63 89 18
» Jacques 33 r Truffaut 17ᵉ - - (1)42 28 47 53
» Jean 9 r Lesage 20ᵉ - - - - (1)47 97 21 41
» Jean-Louis 128 r Brancion 15ᵉ (1)45 30 20 37
» Jean-Michel
84 av Daumesnil 12ᵉ - - - (1)45 28 33 14
» Liliane 27 bd Poniatowski 12ᵉ - (1)43 43 60 94
» Louis 79 quai André Citroën 15ᵉ (1)45 78 99 94
» Ludovic 3 r Torricelli 17ᵉ - - (1)45 74 67 32
» Lydie 77 r Dunois 13ᵉ - - - (1)45 85 43 22
» Madeleine 63 r Montcalm 18ᵉ (1)46 06 00 54
» Marie 28 r Stéphenson 18ᵉ - (1)42 52 89 09
» Michele 46 r Stendhal 20ᵉ - (1)43 49 67 67
» M 164 r Courcelles 17ᵉ - - - (1)42 27 63 76
» Monique 26 av Montaigne 8ᵉ - (1)47 23 31 95
» Paul 164 r Courcelles 17ᵉ - - (1)42 27 67 53
» Philippe 164 r Courcelles 17ᵉ - (1)47 66 53 64
» Pierre
4 sq André Lichtenberger 14ᵉ - - (1)45 39 90 14

PROTECTOR 16
SOCIÉTÉ NOUVELLE
serrurerie générale
blindage coffres forts
grilles alarmes
entretien d'immeubles
spécialiste de la protection
146 av Versailles - - - - - - *(1)45 24 64 10

PROTECTRICE (STÉ LA)
— Siege 45 r Châteaudun 9ᵉ - - (1)42 80 63 23
— cantine 64 r Taitbout 9ᵉ - - (1)48 74 62 88
— annexe 30 r Le Peletier 9ᵉ - - (1)45 23 31 00
— 32 r N-D des Victoires 2ᵉ - - (1)42 33 74 46
PROTECVERRE (SA) 16 r Tage 13ᵉ (1)45 88 05 89
PROTECVERRE (SA) 16 r Tage 13ᵉ (1)45 88 80 17
PROTEDENT (Ste) 3 r Joinville 19ᵉ (1)42 06 90 24

PROTEG
50 r Ardoin
93400 St Ouen - - - - - - - *(1)42 52 81 81
PROTEL (SARL) 20 r Pont Neuf 1ᵉʳ (1)42 36 15 39
PROTEMO (SARL)
— Service Commercial
104 r fbg Poissonnière 10ᵉ - - (1)42 85 11 04
— même adresse - - - - - - (1)42 85 11 54

PROTENNIS
— 21 bd Poniatowski 12ᵉ - - - (1)43 45 22 20
— même adresse - - - - - - (1)43 46 92 91

PROTÉOR (STÉ)
7 r Palestro 2ᵉ - - - - - - - (1)42 36 54 03
PROTET Jean 180 r Convention 15ᵉ (1)48 42 21 53

PROTETAIN MESAGER
7 quai Marcel Boyer 94200 Ivry
S Seine - - - - - - - - *(1)46 72 25 02

PROTEX
produits chimiques
6 r Barbès
92300 Levallois Perret - - - *(1)47 57 74 00
PROTEXARMS 43 r Amsterdam 9ᵉ (1)45 26 08 35
PROTEXARMS
— 26 r Châteaudun 9ᵉ - - - - (1)42 80 14 38
— Service Technique
même adresse - - - - - - (1)42 85 39 43
— Comptabilité même adresse - - (1)42 85 41 42
— Service Commercial
même adresse - - - - - - - (1)45 26 08 34

SCĒNE 8

Vous devez donner, oralement, un nom, une adresse et un numéro de téléphone que vous avez choisis sur cette page d'annuaire.

Il faut que votre interlocuteur arrive à prendre par écrit, sans erreur, toutes les indications données.

2. A qui voulez-vous téléphoner ?

Sur cette page d'annuaire, vous allez choisir la personne à qui vous avez le plus envie de téléphoner (en raison de sa profession, de son nom ou de son adresse). Avec un camarade qui accepte de jouer la personne que vous avez choisie, vous improvisez une conversation.

3. Pour quel motif téléphonez-vous ?

Deux d'entre vous choisissent séparément un nom dans l'annuaire et se téléphonent pour **s'inviter, se décommander, demander une information, remercier,** etc.

4. Voulez-vous répondre à une petite annonce ?

LOGEMENT

Échange

...rais Échange trois piè-
..., salle de bains, cuisine,
...con, cave 68 m², dans
...rais. Calme, ensoleillé.
...00 F contre cinq pièces,
...ve, parking, ascenseur,
...00 F max. charges com-
ses de préférence dans 1,
..., 4, 11, 12, 13e arrondis-
...ment. Tél. 42.77.44.70 le
...r.

...IÈCES : Échange place
...alie 3 400 F contre 2 piè-
... ou grand studio 2 500 F
...xi. 5, 6, 13, 14 ou 15 arron-

dissement. Tél. après 8 h
45.85.92.83.

APPARTEMENT. 3 pièces
confort 4 000 F C.C. Gobe-
lins. Contre 2 pièces Paris
sud 2 000 F, 2 500 F maxi.
Libre rapidement. Même
sans échange. Tél.
au 43.31.44.17.

STAGES

VAR Se détendre et apprendre. Mai à la Marie-Fée. 16
au 19 Techniques de déve-
loppement personnel. Tra-
vail sur la conscience du
corps. 1 250 F tout compris.
25 au 27 Initiation au tir à
l'arc. Plus qu'un sport, une
manière d'être. Relaxation,

respiration, concentration.
950 F tout compris. Rens. et
programme complet de l'été.
La Marie-Fée 83340 Le Can-
net des Maures Tél
94.60.73.75.

ÉCOLE DE VOL LIBRE
internationale Morzine Avo-
riaz organise des stages de
vol libre, initiation et perfec-
tionnement pour jeunes de
18 à 40 ans. Du 26 mai au
12 octobre chaque semaine.
Agrément Jeunesse et
Sports l'Éducation nationale
et Formation permanente.
Formule tout compris aussi
pour canoë-kayak, tennis,
trial, randonnée, et musique.
Auberge de jeunesse. 74110
Morzine. Tél 57.79.14.86.

**TOULOUSE DANSE AFRI-
CAINE** les 25-26-27 mai avec
Isnel de Silveira et cocosel.
Espace St Cyprien sam. dim.
de 14 h à 18 h. Lundi de 18 h.
à 14 h. Inscr. et rens.
61.53.11.43.

PARTIR

Proposition

GRENOBLE A AVIGNON
deux places dans voiture de
Grenoble à Avignon (ou
Montepellier ?) le dimanche
5 mai en fin d'après-midi.
Participation aux frais. Con-
tacter Véronique
74.31.57.24.

Recherches

CHERCHE PASSAGE au
moins pour Nice, partage
frais. du 1er au 5 mai chaque
jour est bon, je retourne en
Italie. Je pars de Nîmes,
mais on peut se donner R.V.
autre part. Tél. le soir
66.67.01.68, je m'appelle
Tiziano (comme le peintre).

MUSIQUE

Instruments

PIANOS D'OCCASION. Très
beaux et bons pianos
d'occasion droits et queues
toutes marques cadres acier
cordes croisées entièrement
révisés, garantis 5 ans prix
intéressants. Atelier 10, rue
Eugène Lumeau St Ouen
Tél. 42.58.88.39.

HARMONIZER Ibanez HD
1 000 état neuf. Cédé à
3 500 F. Tél 45.33.56.15 (laisser message).

SAX ALTO « couesnon »
blanc super état avec
housse dure. Prix intéressant. Téléphoner le soir à
partir de 20 h jusqu'à...
42.23.36.44.

Libération, 3 mai 1985.

Mettez-vous par deux : l'un est l'auteur d'une des annonces ; l'autre, intéressé par cette annonce, lui téléphone.

(Pensez à suivre le déroulement habituel d'une conversation téléphonique : vérifier l'identité de l'interlocuteur, se présenter, dire pourquoi on appelle, demander des précisions, fixer un rendez-vous si la proposition vous intéresse et prendre congé.)

Débat

Protagonistes : la présidente de séance, M. RIVOIRE, M. COURIOL.

LA PRÉSIDENTE
La parole est à M. Rivoire.

M. COURIOL
Ah pardon, j'ai encore quelque chose à dire, la production de blé...

M. RIVOIRE
Permettez, c'est à mon tour.

M. COURIOL
Laissez-moi finir ma phrase. La production...

M. RIVOIRE
Je ne vous ai pas interrompu tout à l'heure, je vous prie de ne pas me couper la...

M. COURIOL
Mais c'est vous qui me coupez la parole. Je disais donc que la produc...

LA PRÉSIDENTE
Messieurs, Messieurs s'il vous plaît !

MM. RIVOIRE ET COURIOL
Mais enfin, laissez-nous parler !

LA LUNE DANS LE CANIVEAU

Questionnaire de Proust
Jean-Jacques *Beineix*

Quel est pour vous le comble de la misère ?
Le totalitarisme.
Quel est votre rêve de bonheur ?
Vivre plusieurs vies.
Quel est le principal trait de votre caractère ?
La combativité.
Quel est votre principal défaut ?
Le doute.
Quelle qualité préférez-vous chez l'homme ?
La curiosité d'autrui.
Quelle qualité préférez-vous chez la femme ?
La capacité d'aimer.
Pour quelles fautes avez-vous le plus d'indulgence ?
L'excès de vitesse.
Quel don de la nature aimeriez-vous avoir ?
Voler ou alors avoir le don d'ubiquité.
Qui auriez-vous aimé être ?
Giuseppe Verdi.
Quels sont vos héros et héroïnes de cinéma ou de littérature préférés ?
La chèvre de Monsieur Seguin.
Quels sont vos héros ou héroïnes de la vie réelle préférés ?
Le médecin qui inventera un produit contre le mal de mer.
Quel est votre metteur en scène préféré ?
Kubrick.
Quels sont vos acteurs et actrices préférés ?
Dustin Hoffman, Mastroianni, Bourvil, Anglade, Miou Miou, Béatrice Dalle, Jackie Bisset, Laura del Sol.
Que détestez-vous par-dessus tout ?
La trahison.
Comment aimeriez-vous mourir ?
J'aimerais ne pas mourir, en fait.

POUR UN MODULE

Vous avez étudié les huit modules de l'ouvrage, ou presque. Pourquoi ne pas décider d'en créer un à votre tour ?

Voici comment vous pourriez procéder :

Vous commencez par choisir quatre actes de paroles qui vous semblent être compatibles*.

Nous vous donnons quelques suggestions : **réclamer, supplier, encourager, exprimer son admiration, exprimer son enthousiasme, exprimer son regret, déconseiller, menacer, demander de l'aide, féliciter...**

Mais vous pouvez construire votre module avec d'autres actes de parole, bien sûr.

Pour chaque acte, vous établissez une **liste** de réalisations linguistiques diverses en encadrant celles qui vous paraissent les plus « typiques » de l'acte choisi.

Puis, vous décidez de **mettre en images** deux énoncés : par un dessin, par des photos, par un montage, des collages, des schémas, des vignettes de B.D.

Il vous reste maintenant à créer la **mise en scène**, c'est-à-dire à réfléchir sur l'utilisation à faire du matériel linguistique et iconique que vous avez construit.

Nous vous suggérons de vous mettre par groupes pour faire les mises en scène et chaque groupe « testera » ensuite sa maquette en proposant aux autres... de travailler.

ENTREZ DANS LE DESSIN : Choisissez les dessins ou photos que vous préférez. Faites imaginer d'autres paroles, l'histoire des personnages, leur identité, leurs goûts, leur passé ou leur avenir.

LES MOTS EN SITUATION : Faites trouver la/les situations de communication dans lesquelles l'énoncé pourrait être produit (qui parle à qui, pourquoi etc.) Inspirez-vous des exercices que vous avez « subis ».

GALERIE DE PORTRAITS : Sélectionnez des personnages dans vos dessins mais ils ne doivent pas avoir la même identité que les 48 que vous connaissez déjà. Faites faire des irruptions sur certaines de vos illustrations.

ENTR'ACTES : Réfléchissez à des situations et imaginez des enchaînements d'actes de parole possibles.

ET VOUS-MÊME : Demandez comment on réagit, ce qu'on a vraiment à dire, ce qu'on sent dans des situations qui sont caractéristiques des actes que vous avez choisis pour votre module.

Enfin, inventez des conversations dans lesquelles les actes de parole apparaissent.

Bonne chance, et surtout faites mieux que pour les huit modules précédents !

---

* Consultez, éventuellement, *Le Niveau Seuil*.   Les auteurs

AUTO - CORRIGÉS

MODULE 1

• **DEMANDER LA PERMISSION** - p. 18-19

Exemple :
— On peut goûter ? (7)
Vous êtes au marché ; il y a de belles cerises et vous demandez au marchand la permission de les goûter.

• **ACCEPTER** - p. 22-23
Franche : 1-3-5-7-8-9-11-13-17
Réservée : 2-4-15-16
Indéterminée : 6-10-12-14

• **REFUSER** - p. 24-25

Exemple :
4. **C'est dommage**, je ne peux pas.
12. Ce n'est pas possible dans l'immédiat, **mais une autre fois peut-être.**

• **CONVERSATION 2** - p. 31
(répliques possibles)
1. il n'en est pas question, ouvrez immédiatement votre valise !
2. Ah écoutez, ne discutez pas, c'est le règlement !
3. Écoutez, vous croyez que nous n'avons que ça à faire !
4. Pas du tout, vous allez l'ouvrir vous-même !

MODULE 2

• **ANNONCER** - p. 32-33

Exemple :
énoncé 1
— Ecoute Marianne, tu sais ce qui m'arrive, j'ai 40° de fièvre, je suis vraiment désolé mais je ne pourrai pas venir ce soir.
— Ah quel dommage ! on avait vraiment envie de te voir ! rétablis-toi vite !

• **REPROCHER** - p. 38-39

Exemple :
« Ah, ce que tu as ronflé cette nuit » devient :
« Je n'ai pas bien dormi cette nuit, je me demande pourquoi ! »

• **MISE EN SCÈNE**
Les mots en situation p. 42
ANNONCER REPROCHER PROTESTER

1	→ 2-10-13	
2	→ 13 →	ou 1-4-13
3	→ 13	
4	→	12
5	→	2-7-10
6	→ 1-2-10 →	ou 1-5-9
7	→	13
8	→ 11 →	ou 7
9	→	1-2-4-7-13
10	→	4-7
11	→	13

• **CONVERSATION 2** - p. 47
(répliques possibles)
(1) Oui c'est moi et je trouve que tu pourrais me répondre.
(2) Tu exagères, mes lettres, ce n'est pas la même chose.
(3) Tu ne penses qu'à toi, tu pourrais au moins me consacrer la soirée, c'est pas gentil de me laisser tomber !
(4) Rends-moi mes lettres, alors !

AUTO - CORRIGÉS

MODULE 3

• DEMANDER UNE INFORMA-
TION - p. 48

	Connu	Inconnu	Connu ou inconnu
1		X	
2			X
3	X		
4	X		
5			X
6	X		
7		X	
8	X		
9			X
10			X
11			X
12			X
13			X
14			X
15			X

• CONSEILLER - p. 52-53
Exemple :
(1) — Je vous conseille de voir un dentiste sans attendre.
— Moi, je pense que tu devrais seulement prendre un cachet et attendre demain.

Un père qui dit toujours non :
J'ai 14 ans et je ne peux aller nulle part. Mon père dit toujours « non ». Quand une copine m'invite à une boum, il dit « non ». Et pourtant, ma mère dit toujours « oui ». Que puis-je faire ?

• MISE EN SCÈNE
Les mots en situation - p. 56
1-1, 1-7, 1-8, 2-7, 2-8, 3-8, 3-9, 5-8, 7-7, 7-8, 8-2, 9-8, 9-9, 10-8, 13-7, 13-8, 14-9, 15-8.

• CONVERSATION 2 - p. 61
(questions possibles)
(1) Vos parents étaient musiciens ? (2) Vous travaillez combien d'heures par jour ? (3) A votre avis, à quel âge un enfant devrait-il commencer le piano ? (4) Quels sont vos projets ? (5) Quels sont vos musiciens favoris ? (6) Comment faire pour devenir un grand pianiste ?

MODULE 4

• MISE EN SCÈNE
Mots en situation :
LA TROUILLE - RASSURER - p. 72
1-4, 1-5, 1-6, 1-7, 1-8, 2-1, 2-3, 2-4, 2-5, 2-6, 2-8, 2-10, 2-11, 2-12, 3-1, 3-3, 3-4, 3-6, 3-7, 3-8, 3-10, 3-11, 3-12, 4-1, 4-2, 4-5, 4-7, 4-10, 4-11, 5-1, 5-4, 5-6, 5-11, 5-12, 6-3, 6-4, 6-6, 6-11, 7-1, 7-3, 7-5.

• CONVERSATION 2 - p. 77
1 c - 2 a - 3 d - 4 b.

MODULE 5

• ACCUEILLIR - p. 82
(à titre indicatif)
7-8-2-5-10-9-1-3-4-6.

• MISE EN SCÈNE
Les mots en situation - p. 86
PRENDRE CONGÉ
Amicales : 1-2-5-7-9-11-14-15-16
Formelles : 4-8-10-13
Indéterminables : 3-12

AUTO - CORRIGÉS

MODULE 6

• PRENDRE RENDEZ-VOUS - p. 92-93

Exemple:

Je vous ai aperçue lundi 25 à 18 heures rue Popincourt devant chez Popaul. Vous êtes brune, très maquillée et vous avez un imper rose. J'aimerais vous revoir. Jean-Luc. Écrire au Journal n° 2864.

• INSISTER - p. 98-99

Allez - donc - allons - si, si - quand même - tout de suite - écoute - absolument.

• MISE EN SCÈNE
Les mots en situation - p. 102
INVITER

	LIEU	OBJET	MOMENT	RELATIONS
2	maison	venir chez soi	non précisé	amicales
3	pays	séjour	"	"
4	maison	voir qu. chose	"	"
5	maison	boum	"	"
6	maison	dormir	le soir	"
7	montagne	skier	dimanche	"
8	au café	boire	non précisé	"
9	non précisé	sortie	ce soir	"
10	"	non précisé	demain	"
11	maison de campagne	séjour	le week-end	"
12	salle de réception	mariage	non précisé	formelles

• CONVERSATION
Réactions en chaîne - p. 107

(1) Allô, Laurent, c'est Maria. (2) On peut se voir ce soir ? (3) Tu passes chez moi ? Je rentre à six heures. (4) Viens à sept heures. On pourra aller au cinéma à huit heures. (5) Bonsoir, Laurent. Alors, tu viens à quelle heure ? (6) Oui, qu'est-ce qu'il y a ? Tu... (7) Mais tu m'avais dit mardi sûrement. (8) Tu es sûr ? Mais pourquoi... (9) Qu'est-ce qui se passe ? Tu n'es pas... (10) Ah Simone. Je rentre à l'instant. Ça va ? (11) Oui, ça va. Mais je suis crevée. (12) Ah bon ? Mais tu m'avais dit que tu... (13) Tu sais, je suis crevée. Moi, ça ne fait rien. J'aime autant rester ici. Tu peux... (14) Attends une seconde. On sonne à la porte. Je crois que c'est ma fille (elle va ouvrir). Oui, c'est Maria. Comment ? Écoute, Simone, je te rappelle dans cinq minutes.

AUTO - CORRIGÉS

MODULE 7

• MISE EN SCÈNE
FORMULER UN PROJET
vacances : 7-8
travail : 4-5-8-10
vie sociale : 3-9
voyage : 1
maison : 6
enfants : 11
études : 12
voiture : 2

Mots en situation - p. 116

EXPRIMER UN SOUHAIT/
PROMETTRE
1-c/2-d/3-e/4-b/5-f/6-a

MODULE 8

• MISE EN SCÈNE
Les mots en situation
A VOUS DE PARLER - p. 130
dans un débat 3-6-9
dans une conférence 8-12
dans une conversation 2-4-5-6-7-
10-15-16-17-18
à l'école 1-2-4-5-6-10-12-17-19
au téléphone 7-11-17-18
au tribunal 8-9-12-13

Quelques remarques d'usage...

MODULE 1

PROPOSER
Une même formulation peut signifier des intentions de communication différentes, selon la situaticn. Ainsi *Qu'est-ce que tu bois ?* ou *Qu'est-ce que vous faites ce soir ?* peuvent être perçus comme des demandes d'informations ou des propositions.

DEMANDER LA PERMISSION
Puis-je introduit une demande de permission ou une invitation.
Puis-je vous offrir un verre ? est une invitation.

MODULE 2

DONNER SON OPINION
La personne qui donne son opinion commence très souvent sa phrase par : *Moi, je...*

REPROCHER
Pour atténuer le reproche, il suffit de mentionner les résultats négatifs du comportement de l'autre, sans s'adresser directement à lui. Dans ce cas *je* et *tu* sont absents de la formulation : *Tiens, il n'y a plus de chocolat !*

MODULE 3

CONSEILLER
Le conseil se démarque de la suggestion par le fait qu'il est davantage centré sur le destinataire ; il n'y a généralement pas d'implication du locuteur dans l'action à faire contrairement à la suggestion où le locuteur peut être impliqué.
— *Ce serait intéressant pour vous de visiter le Sud*   (CONSEIL)
— *Ce serait intéressant de visiter le Sud*   (SUGGESTION)

MODULE 4

EXPRIMER SES SENTIMENTS
On utilise souvent des formes d'atténuation pour exprimer des émotions même profondes : *je ne suis pas rassuré* ou *ça va plutôt bien*.

SE PLAINDRE
En France, se plaindre sert souvent à amorcer une conversation avec des inconnus ou même avec des proches. Il a une valeur phatique. Par exemple, en attendant un autobus qui ne vient pas, dire *Oh ! là là ces bus !* permet de commencer à parler avec ceux qui attendent aussi.

MODULE 5

Pour ENTRER EN CONTACT, un locuteur a parfois recours à une apparente DEMANDE D'INFOR-
MATION qui en réalité a une valeur phatique.
— *Vous lisez ?*
— *Tu as mis tes lunettes ?*
Si l'interlocuteur ne veut pas favoriser l'échange, il répondra
— *Ben, vous voyez bien !*

PRENDRE CONGÉ
Les énoncés de prise de congé sont souvent accompagnés de formules indiquant que le contact
n'est pas rompu, ce qui atténue la « brutalité » de la séparation ; *Au revoir, à un de ces jours* ou
Salut, on s'appelle !

MODULE 6

INVITER
Tu es libre ce soir ou *Qu'est-ce que vous faites demain ?* ; ces types d'énoncés ne constituent pas
une invitation directe mais la préparent ou la contiennent implicitement, ce qui donne à l'interlocuteur une plus grande liberté pour répondre positivement ou négativement.
L'intitulé d'un acte de parole ne correspond pas nécessairement à un énoncé qui contiendrait cet
intitulé. Ainsi *Je vous invite* n'exprime pas toujours l'acte de parole INVITER : *Je vous invite à lire
cet ouvrage* est une recommandation à caractère autoritaire et non une invitation.

INSISTER
Le conseil et l'insistance peuvent tous deux être marqués par *Je t'assure*
— *Je t'assure qu'il faut venir*   (INSISTANCE)
— *Je t'assure qu'il faut voir ce film*   (CONSEIL)
Le fait de dire *j'insiste* donne à l'énoncé une valeur d'EXIGENCE : *J'insiste pour que les devoirs
soient rendus à temps !*

S'EXCUSER
On utilise souvent *excusez-moi* au moment de la prise de parole (voir module 8) : *Excusez-moi
d'intervenir...*

MODULE 7

EXPRIMER UN SOUHAIT
On peut exprimer un souhait pour un évènement passé, mais dont on ne connaît pas l'issue : *Pourvu
qu'il ait réussi !*

PROMETTRE
Dans les formules de promesse, on décèle parfois une volonté de RASSURER l'interlocuteur : *Je
te promets que tu es belle.*
On peut PROMETTRE une chose déjà faite pour convaincre l'autre ou affirmer sa bonne foi : *Je
te promets que j'y étais !*

MODULE 8

A MOI DE PARLER
Au fait, à propos, dis donc permettent d'aborder un sujet auquel on pense tout à coup.

FAIRE RÉPÉTER / FAIRE PRÉCISER
Il ne faut pas toujours prendre les énoncés dans un sens littéral. *Répète un peu pour voir* n'est
pas une demande de RÉPÉTER mais plutôt une MENACE.

GALERIE DE PORTRAITS

SPEECH ACTS

A
accepting : accepter **(1)**
apologizing : s'excuser **(6)**
asking for advice :
  demander un avis **(3)**
asking for information :
  demander une information **(3)**
asking for precisions : faire préciser **(8)**
asking permission :
  demander la permission **(1)**
asking someone to do something :
  demander de faire **(1)**

C
complaining : se plaindre **(4)**
conversation starters :
  entrer en contact **(5)**

E
expressing obligation :
  exprimer une obligation **(7)**
expressing one's feelings :
  exprimer ses sentiments **(4)**
expressing wishes : exprimer un souhait **(7)**

G
giving advice : conseiller **(3)**
giving a warning : mettre en garde **(4)**
giving opinions : donner son opinion **(2)**

H
having something repeated :
  faire répéter **(8)**

I
informing : annoncer **(2)**
insisting : insister **(6)**
introducing someone/oneself :
  présenter/se présenter **(5)**

M
making a cancellation : décommander **(6)**
making an appointment :
  prendre rendez-vous **(6)**
making an invitation : inviter **(6)**
making a promise : promettre **(7)**
making a reproach : reprocher **(2)**
making plans : formuler un projet **(7)**
my turn to talk : à moi de parler **(8)**

O
offering to do something : proposer **(1)**

P
protesting : protester **(2)**

R
reassuring : rassurer **(4)**
receiving people : accueillir **(5)**
refusing : refuser **(1)**

S
saying good-bye : prendre congé **(5)**
starting a story :
  amorcer une histoire **(8)**

T
telling how to do :
  dire comment faire **(3)**

Y
your turn to talk :
  à vous de parler **(8)**

ATTI DI PAROLA

A
accettare : accepter **(1)**
accogliere : accueillir **(5)**
accomiatarsi/congedarsi : prendre congé **(5)**
annullare : décommander **(6)**
annunciare : annoncer **(2)**

C
chiedere di fare :
  demander de faire **(1)**
chiedere il permesso :
  demander la permission **(1)**
chiedere informazioni :
  demander une information **(3)**
chiedere parere : demander un avis **(3)**
cominciare una storia :
  amorcer une histoire **(8)**
congedarsi/accomiatarsi :
  prendre congé **(5)**
consigliare : conseiller **(3)**

D
dare il proprio parere :
  donner son opinion **(2)**
dire come fare : dire comment faire **(3)**

E
entrare in contatto :
  entrer en contact **(5)**
esprimere i propri sentimenti :
  exprimer ses sentiments **(4)**
esprimere un augurio/un desiderio :
  exprimer un souhait **(7)**
esprimere un obbligo :
  exprimer une obligation **(7)**

F
fare ripetere/precisare :
  faire répéter/préciser **(8)**
fare una promessa : promettre **(7)**
fare un progetto :
  formuler un projet **(7)**

I
insistere : insister **(6)**
invitare : inviter **(6)**

L
lamentarsi : se plaindre **(4)**

M
mettere in guardia : mettre en garde **(4)**

P
prendere appuntamento :
  prendre rendez-vous **(6)**
presentare/presentarsi :
  présenter/se présenter **(5)**
proporre : proposer **(1)**
protestare : protester **(2)**

R
rassicurare : rassurer **(4)**
rifiutare : refuser **(1)**
rimproverare : reprocher **(2)**

S
scusarsi : s'excuser **(6)**

T
tocca a me parlare :
  à moi de parler **(8)**
tocca a voi/lei parlare :
  à vous de parler **(8)**

SPRECHAKTE	ACTOS DE HABLA

SPRECHAKTE

ablehnen : refuser **(1)**
absagen : décommander **(6)**
ankündigen : annoncer **(2)**
Anweisungen geben :
dire comment faire **(3)**
um Auskunft bitten :
demander une information **(3)**

beruhigen : rassurer **(4)**
bitten, etwas zu tun :
demander de faire **(1)**

einladen : inviter **(6)**
empfangen : accueillir **(5)**
sich entschuldigen : s'excuser **(6)**
um die Erlaubnis bitten :
demander la permission **(1)**

seine Gefühle ausdrücken :
exprimer ses sentiments **(4)**
eine Geschichte anfangen :
amorcer une histoire **(8)**

ich spreche jetzt : à moi de parler **(8)**
insistieren : insister **(6)**

sich (be)klagen : se plaindre **(4)**
Kontaktaufnahme : entrer en contact **(5)**

seine Meinung ausdrücken :
donner son opinion **(2)**
eine Meinung erfragen :
demander un avis **(3)**

eine Pflicht ausdrücken :
exprimer une obligation **(7)**
protestieren : protester **(2)**

raten : conseiller **(3)**

sie sind an der Reihe :
à vous de parler **(8)**

sich verabreden : prendre rendez-vous **(6)**
sich verabschieden : prendre congé **(5)**
etwas versprechen : promettre **(7)**
etwas vorhaben : formuler un projet **(7)**
vorschlagen : proposer **(1)**
jn./sich vorstellen : présenter/se présenter **(5)**
vorwerfen : reprocher **(2)**

warnen : mettre en garde **(4)**
um Wiederholung/Exlizierung bitten :
faire répéter/préciser **(8)**
eine Wunsch ausdrücken :
exprimer un souhait **(7)**

zusagen : accepter **(1)**

ACTOS DE HABLA

A
aceptar : accepter **(1)**
anular : décommander **(6)**
anunciar (una noticia) :
annoncer **(2)**

C
cancelar : décommander **(6)**

D
dar un consejo : conseiller **(3)**
dar su parecer :
donner son opinion **(2)**
decir como hacer :
dire comment faire **(3)**
despedirse : prendre congé **(5)**
disculparse : s'excuser **(6)**

E
entrar en contacto :
entrer en contact **(5)**
expresar una obligaciòn :
exprimer une obligation **(7)**
expresar un deseo :
exprimer un souhait **(7)**
expresar sus sentimientos :
exprimer ses sentiments **(4)**

H
hacer repetir/precisar :
faire répéter/préciser **(8)**

I
iniciar un relato :
amorcer une histoire **(8)**
insistir : insister **(6)**
invitar : inviter **(6)**

L
le toca a usted hablar :
à vous de parler **(8)**

M
me toca a mi hablar :
à moi de parler **(8)**

P
pedir cita/hora :
prendre rendez-vous **(6)**
pedir hacer (algo) : demander de faire **(1)**
pedir informaciòn :
demander une information **(3)**
pedir opiniòn : demander un avis **(3)**
pedir permiso : demander la permission **(1)**
planear (hacer algo) : formuler un projet **(7)**
poner sobre aviso : mettre en garde **(4)**
presentar/presentarse :
présenter/se présenter **(5)**
prometer : promettre **(7)**
proponer : proposer **(1)**
protestar : protester **(2)**

Q
quejarse : se plaindre **(4)**

R
recibir (a alguien) :
accueillir **(5)**
rehusar : refuser **(1)**
reprochar : reprocher **(2)**

T
tranquilizar : rassurer **(4)**

GALERIE DE PORTRAITS

MUNIQUER EN FRANÇAIS COMMUNIQUER EN FRANÇAIS COMMUNIQUER EN FRANÇAIS COMMUNIQUER EN FRANÇAIS
MUNIQUER EN FRANÇAIS COMMUNIQUER EN FRANÇAIS COMMUNIQUER EN FRANÇAIS COMMUNIQUER EN FRANÇAIS
MUNIQUER EN FRANÇAIS COMMUNIQUER EN FRANÇAIS COMMUNIQUER EN FRANÇAIS COMMUNIQUER EN FRANÇAIS
MUNIQUER EN FRANÇAIS COMMUNIQUER EN FRANÇAIS COMMUNIQUER EN FRANÇAIS COMMUNIQUER EN FRANÇAIS
MUNIQUER EN FRANÇAIS COMMUNIQUER EN FRANÇAIS COMMUNIQUER EN FRANÇAIS COMMUNIQUER EN FRANÇAIS
MUNIQUER EN FRANÇAIS COMMUNIQUER EN FRANÇAIS COMMUNIQUER EN FRANÇAIS COMMUNIQUER EN FRANÇAIS
MUNIQUER EN FRANÇAIS COMMUNIQUER EN FRANÇAIS COMMUNIQUER EN FRANÇAIS COMMUNIQUER EN FRANÇAIS
MUNIQUER EN FRANÇAIS COMMUNIQUER EN FRANÇAIS COMMUNIQUER EN FRANÇAIS COMMUNIQUER EN FRANÇAIS
MUNIQUER EN FRANÇAIS COMMUNIQUER EN FRANÇAIS COMMUNIQUER EN FRANÇAIS COMMUNIQUER EN FRANÇAIS
MUNIQUER EN FRANÇAIS COMMUNIQUER EN FRANÇAIS COMMUNIQUER EN FRANÇAIS COMMUNIQUER EN FRANÇAIS
MUNIQUER EN FRANÇAIS COMMUNIQUER EN FRANÇAIS COMMUNIQUER EN FRANÇAIS COMMUNIQUER EN FRANÇAIS
MUNIQUER EN FRANÇAIS COMMUNIQUER EN FRANÇAIS COMMUNIQUER EN FRANÇAIS COMMUNIQUER EN FRANÇAIS
MUNIQUER EN FRANÇAIS COMMUNIQUER EN FRANÇAIS COMMUNIQUER EN FRANÇAIS COMMUNIQUER EN FRANÇAIS
MUNIQUER EN FRANÇAIS COMMUNIQUER EN FRANÇAIS COMMUNIQUER EN FRANÇAIS COMMUNIQUER EN FRANÇAIS
MUNIQUER EN FRANÇAIS COMMUNIQUER EN FRANÇAIS COMMUNIQUER EN FRANÇAIS COMMUNIQUER EN FRANÇAIS
MUNIQUER EN FRANÇAIS COMMUNIQUER EN FRANÇAIS COMMUNIQUER EN FRANÇAIS COMMUNIQUER EN FRANÇAIS
MUNIQUER EN FRANÇAIS COMMUNIQUER EN FRANÇAIS COMMUNIQUER EN FRANÇAIS COMMUNIQUER EN FRANÇAIS
MUNIQUER EN FRANÇAIS COMMUNIQUER EN FRANÇAIS COMMUNIQUER EN FRANÇAIS COMMUNIQUER EN FRANÇAIS
MUNIQUER EN FRANÇAIS COMMUNIQUER EN FRANÇAIS COMMUNIQUER EN FRANÇAIS COMMUNIQUER EN FRANÇAIS
MUNIQUER EN FRANÇAIS COMMUNIQUER EN FRANÇAIS COMMUNIQUER EN FRANÇAIS COMMUNIQUER EN FRANÇAIS
MUNIQUER EN FRANÇAIS COMMUNIQUER EN FRANÇAIS COMMUNIQUER EN FRANÇAIS COMMUNIQUER EN FRANÇAIS
MUNIQUER EN FRANÇAIS COMMUNIQUER EN FRANÇAIS COMMUNIQUER EN FRANÇAIS COMMUNIQUER EN FRANÇAIS
MUNIQUER EN FRANÇAIS COMMUNIQUER EN FRANÇAIS COMMUNIQUER EN FRANÇAIS COMMUNIQUER EN FRANÇAIS
MUNIQUER EN FRANÇAIS COMMUNIQUER EN FRANÇAIS COMMUNIQUER EN FRANÇAIS COMMUNIQUER EN FRANÇAIS
MUNIQUER EN FRANÇAIS COMMUNIQUER EN FRANÇAIS COMMUNIQUER EN FRANÇAIS COMMUNIQUER EN FRANÇAIS
MUNIQUER EN FRANÇAIS COMMUNIQUER EN FRANÇAIS COMMUNIQUER EN FRANÇAIS COMMUNIQUER EN FRANÇAI
MUNIQUER EN FRANÇAIS COMMUNIQUER EN FRANÇAIS COMMUNIQUER EN FRANÇAIS COMMUNIQUER EN FRANÇAI
MUNIQUER EN FRANÇAIS COMMUNIQUER EN FRANÇAIS COMMUNIQUER EN FRANÇAIS COMMUNIQUER EN FRANÇAI
MUNIQUER EN FRANÇAIS COMMUNIQUER EN FRANÇAIS COMMUNIQUER EN FRANÇAIS COMMUNIQUER EN FRANÇAI
MUNIQUER EN FRANÇAIS COMMUNIQUER EN FRANÇAIS COMMUNIQUER EN FRANÇAIS COMMUNIQUER EN FRANÇAI
MUNIQUER EN FRANÇAIS COMMUNIQUER EN FRANÇAIS COMMUNIQUER EN FRANÇAIS COMMUNIQUER EN FRANÇAI
MUNIQUER EN FRANÇAIS COMMUNIQUER EN FRANÇAIS COMMUNIQUER EN FRANÇAIS COMMUNIQUER EN FRANÇA
MUNIQUER EN FRANÇAIS COMMUNIQUER EN FRANÇAIS COMMUNIQUER EN FRANÇAIS COMMUNIQUER EN FRANÇA
MUNIQUER EN FRANÇAIS COMMUNIQUER EN FRANÇAIS COMMUNIQUER EN FRANÇAIS COMMUNIQUER EN FRANÇA
MUNIQUER EN FRANÇAIS COMMUNIQUER EN FRANÇAIS COMMUNIQUER EN FRANÇAIS COMMUNIQUER EN FRANÇA
MUNIQUER EN FRANÇAIS COMMUNIQUER EN FRANÇAIS COMMUNIQUER EN FRANÇAIS COMMUNIQUER EN FRANÇA
MUNIQUER EN FRANÇAIS COMMUNIQUER EN FRANÇAIS COMMUNIQUER EN FRANÇAIS COMMUNIQUER EN FRANÇA
MUNIQUER EN FRANÇAIS COMMUNIQUER EN FRANÇAIS COMMUNIQUER EN FRANÇAIS COMMUNIQUER EN FRANÇA
MUNIQUER EN FRANÇAIS COMMUNIQUER EN FRANÇAIS COMMUNIQUER EN FRANÇAIS COMMUNIQUER EN FRANÇA
MUNIQUER EN FRANÇAIS COMMUNIQUER EN FRANÇAIS COMMUNIQUER EN FRANÇAIS COMMUNIQUER EN FRANÇA
MUNIQUER EN FRANÇAIS COMMUNIQUER EN FRANÇAIS COMMUNIQUER EN FRANÇAIS COMMUNIQUER EN FRANÇA
MUNIQUER EN FRANÇAIS COMMUNIQUER EN FRANÇAIS COMMUNIQUER EN FRANÇAIS COMMUNIQUER EN FRANÇA
MUNIQUER EN FRANÇAIS COMMUNIQUER EN FRANÇAIS COMMUNIQUER EN FRANÇAIS COMMUNIQUER EN FRANÇA
MUNIQUER EN FRANÇAIS COMMUNIQUER EN FRANÇAIS COMMUNIQUER EN FRANÇAIS COMMUNIQUER EN FRANÇA
MUNIQUER EN FRANÇAIS COMMUNIQUER EN FRANÇAIS COMMUNIQUER EN FRANÇAIS COMMUNIQUER EN FRANÇA
MUNIQUER EN FRANÇAIS COMMUNIQUER EN FRANÇAIS COMMUNIQUER EN FRANÇAIS COMMUNIQUER EN FRANÇA
MUNIQUER EN FRANÇAIS COMMUNIQUER EN FRANÇAIS COMMUNIQUER EN FRANÇAIS COMMUNIQUER EN FRANÇA
MUNIQUER EN FRANÇAIS COMMUNIQUER EN FRANÇAIS COMMUNIQUER EN FRANÇAIS COMMUNIQUER EN FRANÇA
MUNIQUER EN FRANÇAIS COMMUNIQUER EN FRANÇAIS COMMUNIQUER EN FRANÇAIS COMMUNIQUER EN FRANÇA
MUNIQUER EN FRANÇAIS COMMUNIQUER EN FRANÇAIS COMMUNIQUER EN FRANÇAIS COMMUNIQUER EN FRANÇA
MUNIQUER EN FRANÇAIS COMMUNIQUER EN FRANÇAIS COMMUNIQUER EN FRANÇAIS COMMUNIQUER EN FRANÇA
MUNIQUER EN FRANÇAIS COMMUNIQUER EN FRANÇAIS COMMUNIQUER EN FRANÇAIS COMMUNIQUER EN FRANÇA
MUNIQUER EN FRANÇAIS COMMUNIQUER EN FRANÇAIS COMMUNIQUER EN FRANÇAIS COMMUNIQUER EN FRANÇ
MUNIQUER EN FRANÇAIS COMMUNIQUER EN FRANÇAIS COMMUNIQUER EN FRANÇAIS COMMUNIQUER EN FRANÇ
MUNIQUER EN FRANÇAIS COMMUNIQUER EN FRANÇAIS COMMUNIQUER EN FRANÇAIS COMMUNIQUER EN FRANÇ
MUNIQUER EN FRANÇAIS COMMUNIQUER EN FRANÇAIS COMMUNIQUER EN FRANÇAIS COMMUNIQUER EN FRANÇ
MUNIQUER EN FRANÇAIS COMMUNIQUER EN FRANÇAIS COMMUNIQUER EN FRANÇAIS COMMUNIQUER EN FRANÇ
MUNIQUER EN FRANÇAIS COMMUNIQUER EN FRANÇAIS COMMUNIQUER EN FRANÇAIS COMMUNIQUER EN FRANÇ
MUNIQUER EN FRANÇAIS COMMUNIQUER EN FRANÇAIS COMMUNIQUER EN FRANÇAIS COMMUNIQUER EN FRANÇ
MUNIQUER EN FRANÇAIS COMMUNIQUER EN FRANÇAIS COMMUNIQUER EN FRANÇAIS COMMUNIQUER EN FRANÇ
MUNIQUER EN FRANÇAIS COMMUNIQUER EN FRANÇAIS COMMUNIQUER EN FRANÇAIS COMMUNIQUER EN FRANÇ
MUNIQUER EN FRANÇAIS COMMUNIQUER EN FRANÇAIS COMMUNIQUER EN FRANÇAIS COMMUNIQUER EN FRANÇ
MUNIQUER EN FRANÇAIS COMMUNIQUER EN FRANÇAIS COMMUNIQUER EN FRANÇAIS COMMUNIQUER EN FRANÇ

GALERIE DE PORTRAITS

10 — Le pompier

11 — Jérémie, le petit garçon

12 — M. et Mme Douchepanne

13 — Le paysan

14 — Le maître d'hôtel

15 — La voyageuse

16 — Le psychiatre

17 — Léone

18 — Le comte

COMMUNIQUER EN FRANÇAIS

GALERIE DE PORTRAITS

Le dentiste

Le montagnard

La baigneuse

L'hôtesse de l'air

L'inspecteur de police

Juliette

Le cambrioleur

L'employé du gaz

L'homme invisible

MUNIQUER EN FRANÇAIS COMMUNIQUER EN FRANÇAIS COMMUNIQUER EN FRANÇAIS COMMUNIQUER EN FRANÇAIS
MUNIQUER EN FRANÇAIS COMMUNIQUER EN FRANÇAIS COMMUNIQUER EN FRANÇAIS COMMUNIQUER EN FRANÇAIS
MUNIQUER EN FRANÇAIS COMMUNIQUER EN FRANÇAIS COMMUNIQUER EN FRANÇAIS COMMUNIQUER EN FRANÇAIS
MUNIQUER EN FRANÇAIS COMMUNIQUER EN FRANÇAIS COMMUNIQUER EN FRANÇAIS COMMUNIQUER EN FRANÇAIS
MUNIQUER EN FRANÇAIS COMMUNIQUER EN FRANÇAIS COMMUNIQUER EN FRANÇAIS COMMUNIQUER EN FRANÇAIS
MUNIQUER EN FRANÇAIS COMMUNIQUER EN FRANÇAIS COMMUNIQUER EN FRANÇAIS COMMUNIQUER EN FRANÇAIS
MUNIQUER EN FRANÇAIS COMMUNIQUER EN FRANÇAIS COMMUNIQUER EN FRANÇAIS COMMUNIQUER EN FRANÇAIS
MUNIQUER EN FRANÇAIS COMMUNIQUER EN FRANÇAIS COMMUNIQUER EN FRANÇAIS COMMUNIQUER EN FRANÇAIS
MUNIQUER EN FRANÇAIS COMMUNIQUER EN FRANÇAIS COMMUNIQUER EN FRANÇAIS COMMUNIQUER EN FRANÇAIS
MUNIQUER EN FRANÇAIS COMMUNIQUER EN FRANÇAIS COMMUNIQUER EN FRANÇAIS COMMUNIQUER EN FRANÇAIS
MUNIQUER EN FRANÇAIS COMMUNIQUER EN FRANÇAIS COMMUNIQUER EN FRANÇAIS COMMUNIQUER EN FRANÇAIS
MUNIQUER EN FRANÇAIS COMMUNIQUER EN FRANÇAIS COMMUNIQUER EN FRANÇAIS COMMUNIQUER EN FRANÇAIS
MUNIQUER EN FRANÇAIS COMMUNIQUER EN FRANÇAIS COMMUNIQUER EN FRANÇAIS COMMUNIQUER EN FRANÇAIS
MUNIQUER EN FRANÇAIS COMMUNIQUER EN FRANÇAIS COMMUNIQUER EN FRANÇAIS COMMUNIQUER EN FRANÇAIS
MUNIQUER EN FRANÇAIS COMMUNIQUER EN FRANÇAIS COMMUNIQUER EN FRANÇAIS COMMUNIQUER EN FRANÇAIS
MUNIQUER EN FRANÇAIS COMMUNIQUER EN FRANÇAIS COMMUNIQUER EN FRANÇAIS COMMUNIQUER EN FRANÇAIS
MUNIQUER EN FRANÇAIS COMMUNIQUER EN FRANÇAIS COMMUNIQUER EN FRANÇAIS COMMUNIQUER EN FRANÇAIS
MUNIQUER EN FRANÇAIS COMMUNIQUER EN FRANÇAIS COMMUNIQUER EN FRANÇAIS COMMUNIQUER EN FRANÇAIS
MUNIQUER EN FRANÇAIS COMMUNIQUER EN FRANÇAIS COMMUNIQUER EN FRANÇAIS COMMUNIQUER EN FRANÇAIS
MUNIQUER EN FRANÇAIS COMMUNIQUER EN FRANÇAIS COMMUNIQUER EN FRANÇAIS COMMUNIQUER EN FRANÇAIS
MUNIQUER EN FRANÇAIS COMMUNIQUER EN FRANÇAIS COMMUNIQUER EN FRANÇAIS COMMUNIQUER EN FRANÇAI
MUNIQUER EN FRANÇAIS COMMUNIQUER EN FRANÇAIS COMMUNIQUER EN FRANÇAIS COMMUNIQUER EN FRANÇAI
MUNIQUER EN FRANÇAIS COMMUNIQUER EN FRANÇAIS COMMUNIQUER EN FRANÇAIS COMMUNIQUER EN FRANÇAI
MUNIQUER EN FRANÇAIS COMMUNIQUER EN FRANÇAIS COMMUNIQUER EN FRANÇAIS COMMUNIQUER EN FRANÇAI
MUNIQUER EN FRANÇAIS COMMUNIQUER EN FRANÇAIS COMMUNIQUER EN FRANÇAIS COMMUNIQUER EN FRANÇAI
MUNIQUER EN FRANÇAIS COMMUNIQUER EN FRANÇAIS COMMUNIQUER EN FRANÇAIS COMMUNIQUER EN FRANÇAI
MUNIQUER EN FRANÇAIS COMMUNIQUER EN FRANÇAIS COMMUNIQUER EN FRANÇAIS COMMUNIQUER EN FRANÇA
MUNIQUER EN FRANÇAIS COMMUNIQUER EN FRANÇAIS COMMUNIQUER EN FRANÇAIS COMMUNIQUER EN FRANÇA
MUNIQUER EN FRANÇAIS COMMUNIQUER EN FRANÇAIS COMMUNIQUER EN FRANÇAIS COMMUNIQUER EN FRANÇA
MUNIQUER EN FRANÇAIS COMMUNIQUER EN FRANÇAIS COMMUNIQUER EN FRANÇAIS COMMUNIQUER EN FRANÇA
MUNIQUER EN FRANÇAIS COMMUNIQUER EN FRANÇAIS COMMUNIQUER EN FRANÇAIS COMMUNIQUER EN FRANÇA
MUNIQUER EN FRANÇAIS COMMUNIQUER EN FRANÇAIS COMMUNIQUER EN FRANÇAIS COMMUNIQUER EN FRANÇA
MUNIQUER EN FRANÇAIS COMMUNIQUER EN FRANÇAIS COMMUNIQUER EN FRANÇAIS COMMUNIQUER EN FRANÇA
MUNIQUER EN FRANÇAIS COMMUNIQUER EN FRANÇAIS COMMUNIQUER EN FRANÇAIS COMMUNIQUER EN FRANÇA
MUNIQUER EN FRANÇAIS COMMUNIQUER EN FRANÇAIS COMMUNIQUER EN FRANÇAIS COMMUNIQUER EN FRANÇA
MUNIQUER EN FRANÇAIS COMMUNIQUER EN FRANÇAIS COMMUNIQUER EN FRANÇAIS COMMUNIQUER EN FRANÇA
MUNIQUER EN FRANÇAIS COMMUNIQUER EN FRANÇAIS COMMUNIQUER EN FRANÇAIS COMMUNIQUER EN FRANÇA
MUNIQUER EN FRANÇAIS COMMUNIQUER EN FRANÇAIS COMMUNIQUER EN FRANÇAIS COMMUNIQUER EN FRANÇA
MUNIQUER EN FRANÇAIS COMMUNIQUER EN FRANÇAIS COMMUNIQUER EN FRANÇAIS COMMUNIQUER EN FRANÇA
MUNIQUER EN FRANÇAIS COMMUNIQUER EN FRANÇAIS COMMUNIQUER EN FRANÇAIS COMMUNIQUER EN FRANÇA
MUNIQUER EN FRANÇAIS COMMUNIQUER EN FRANÇAIS COMMUNIQUER EN FRANÇAIS COMMUNIQUER EN FRANÇA
MUNIQUER EN FRANÇAIS COMMUNIQUER EN FRANÇAIS COMMUNIQUER EN FRANÇAIS COMMUNIQUER EN FRANÇA
MUNIQUER EN FRANÇAIS COMMUNIQUER EN FRANÇAIS COMMUNIQUER EN FRANÇAIS COMMUNIQUER EN FRANÇA
MUNIQUER EN FRANÇAIS COMMUNIQUER EN FRANÇAIS COMMUNIQUER EN FRANÇAIS COMMUNIQUER EN FRANÇA
MUNIQUER EN FRANÇAIS COMMUNIQUER EN FRANÇAIS COMMUNIQUER EN FRANÇAIS COMMUNIQUER EN FRANÇA
MUNIQUER EN FRANÇAIS COMMUNIQUER EN FRANÇAIS COMMUNIQUER EN FRANÇAIS COMMUNIQUER EN FRANÇ
MUNIQUER EN FRANÇAIS COMMUNIQUER EN FRANÇAIS COMMUNIQUER EN FRANÇAIS COMMUNIQUER EN FRANÇ
MUNIQUER EN FRANÇAIS COMMUNIQUER EN FRANÇAIS COMMUNIQUER EN FRANÇAIS COMMUNIQUER EN FRANÇ
MUNIQUER EN FRANÇAIS COMMUNIQUER EN FRANÇAIS COMMUNIQUER EN FRANÇAIS COMMUNIQUER EN FRANÇ
MUNIQUER EN FRANÇAIS COMMUNIQUER EN FRANÇAIS COMMUNIQUER EN FRANÇAIS COMMUNIQUER EN FRANÇ
MUNIQUER EN FRANÇAIS COMMUNIQUER EN FRANÇAIS COMMUNIQUER EN FRANÇAIS COMMUNIQUER EN FRANÇ
MUNIQUER EN FRANÇAIS COMMUNIQUER EN FRANÇAIS COMMUNIQUER EN FRANÇAIS COMMUNIQUER EN FRANÇ
MUNIQUER EN FRANÇAIS COMMUNIQUER EN FRANÇAIS COMMUNIQUER EN FRANÇAIS COMMUNIQUER EN FRANÇ
MUNIQUER EN FRANÇAIS COMMUNIQUER EN FRANÇAIS COMMUNIQUER EN FRANÇAIS COMMUNIQUER EN FRANÇ
MUNIQUER EN FRANÇAIS COMMUNIQUER EN FRANÇAIS COMMUNIQUER EN FRANÇAIS COMMUNIQUER EN FRANÇ
MUNIQUER EN FRANÇAIS COMMUNIQUER EN FRANÇAIS COMMUNIQUER EN FRANÇAIS COMMUNIQUER EN FRANÇ
MUNIQUER EN FRANÇAIS COMMUNIQUER EN FRANÇAIS COMMUNIQUER EN FRANÇAIS COMMUNIQUER EN FRANÇ
MUNIQUER EN FRANÇAIS COMMUNIQUER EN FRANÇAIS COMMUNIQUER EN FRANÇAIS COMMUNIQUER EN FRANÇ
MUNIQUER EN FRANÇAIS COMMUNIQUER EN FRANÇAIS COMMUNIQUER EN FRANÇAIS COMMUNIQUER EN FRANÇ
MUNIQUER EN FRANÇAIS COMMUNIQUER EN FRANÇAIS COMMUNIQUER EN FRANÇAIS COMMUNIQUER EN FRANÇ

GALERIE DE PORTRAITS

28 — Le cow-boy

29 — La parisienne

30 — Le clochard

31 — L'explorateur

32 — L'exploratrice

33 — La comtesse

34 — Le chien du clochard

35 — Henri, le petit garçon

36 — Le caméraman

COMMUNIQUER EN FRANÇAIS COMMUNIQUER EN FRANÇAIS COMMUNIQUER EN FRANÇAIS COMMUNIQUER EN FRANÇAIS

GALERIE DE PORTRAITS

37 Le présentateur	38 Clément Leroy	39 Le trappeur
40 Le skieur	41 Le footballeur	42 Le président du tribunal
43 Le prêtre	44 Le ministre	45 L'accusé

COMMUNIQUER EN FRANÇAIS

Remerciements

Nous remercions chaleureusement, pour la traduction des actes de parole, Yves Bertrand, Enrica et Candido Matasci, Cynthia Schoch et Pedro Serna ; et, pour sa sollicitude souriante, Margot.

Imprimé et broché en France par Pollina, 85400 Luçon - n° 14737
Dépôt légal n° 11723 - Avril 1992